U0732858

上海高校音乐人类学E-研究院

中国近现代音乐图像史

丛书主编 洛秦

《北洋画报》图说乐·人·事

张静蔚 编注

图书在版编目(CIP)数据

《北洋画报》图说乐·人·事 / 张静蔚编著. —上海：上海音乐学院出版社，2017.8
ISBN 978-7-5566-0189-9

Ⅰ.①北… Ⅱ.①张… Ⅲ.①期刊—史料—天津—民国 Ⅳ.①G239.296

中国版本图书馆CIP数据核字(2017)第169303号

丛 书 名　中国近现代音乐图像史丛书
主　　编　洛　秦

书　　名　《北洋画报》图说乐·人·事
编　　注　张静蔚
责任编辑　杨成秀
封面设计　梁业礼
出版发行　上海音乐学院出版社
地　　址　上海市汾阳路20号
印　　刷　上海印刷(集团)有限公司
开　　本　787×1092　1/16
印　　张　16.75
字　　数　图文268面
版　　次　2018年2月第1版　2018年2月第1次印刷
书　　号　ISBN 978-7-5566-0189-9/J.1207
定　　价　88.00元
出 品 人　洛　秦

目 录

代 序

音乐图像研究作为重写中国近现代音乐史的一个新视角

洛 秦

一、缘 起

张静蔚先生是我的师长，自从我迈入中国音乐史学以来一直受教于他。特别是留学回国之后，尝试从事近代上海音乐历史研究，无不受到张静蔚先生的著述的影响。张静蔚先生并不嫌弃我这位后学，积极鼓励和支持我这位古代音乐史出身跨界涉足近现代音乐史的斗胆者，实施“音乐上海学”的设想。很多年来，我们一直保持着师生与朋友的关系。

张静蔚先生让我为其《〈良友〉画报图说乐・人・事》和《〈北洋画报〉图说乐・人・事》作序，小辈为长者的大作写序，真有点“岂有此理”。只是我作为出版人，几年来亲历了这两本书稿问世的过程，学习和体会到它们自身的价值，以及对于中国近现代音乐史研究维度的拓展的意义——音乐图像研究作为重写中国近现代音乐的一个新视角；同时，师生情缘似乎应该是一份责任。为此，以此“代序”讲述两部书稿出版的过程和我的感悟。

2012年9月，在沈阳召开的中国音乐史学会第十二届年会上，我看到了张静蔚先生带去的“《良友》音乐图片集”初稿复印本，甚是兴奋，觉得这是很有意义的中国近现代音乐研究的新视角。希望赐教得到一本进行学习，并且考虑是否能出版以飨广大读者。

会议结束回到上海不久，我收到张静蔚先生的邮件：

洛秦教授：

你好！“史学会”开会的时候，我还想跟你聊一聊，后来找你就不见了，估计你提前回沪了。很想听听你对我的《……老照片》文稿的看法。这本书稿原来在2006年就编好了，2008年我曾用“PPT”的形式，在贵院讲学，但我觉得效果不理想，后来也就放下了。今年，我又给研究生讲了，他们认为很有意思，我才又把它印成“集子”。我是觉得，一些年轻人对“近代史”的感性的东西了解得太少，甚至没有感觉。看看一些类似的东西，可能是有好处的。

因为这本书我还没有做完，后面还有一些文字尚待补充；总体上也需要进一步斟酌。我还想这本书稿也说不定是你的“音乐上海学”的一部分。

祝教安、编安！

张静蔚2012.11.6

自此，我与张静蔚先生就开始商议“《良友》音乐图片集”的出版计划。其间，关于选题定位、出版形式、编排结构、图文关系、书稿完善，特别是图像质量（因为条件所限）问题等都一一进行了详尽探讨，并签订了出版合同。一年后，惊喜地收到了张静蔚先生以下的邮件：

洛秦教授：

你好。实在不好意思，简单说吧，我还有一部书稿，是“《北洋画报》音乐图片集”。这可以说是“《良友》音乐图片集”的姊妹篇。在没有做好之前，我是不会对旁人说的。今天我只有跟你说了。

我在2001年开始，系主任也下了，学生也少了，所以每天泡在国图看画报，把旧中国的三大画报都看了，花了两年时间。（不是每天看）同时也做了一些记录，拍了一些图片，总觉得该做点什么，又没有好的想法。当时还耳闻说某些年轻的学者在做什么近代的“图典”或“图录”“图鉴”之类的东西。我很想等着看一看，一直未见到。到2002年我的想法逐渐清晰，就是为近代音乐史编出“图片集”。所以就把《良友》和《北画》仔细考虑起来，一点一点积累素材。《良友》做得很顺利，一下就编出来了，到2005年已经形成了“稿本”的样子。2006年陈聆群让我到上音讲学，2007年我把《良友》就作为一个题目在上音讲了，还做了PPT。但我总觉得“效果”不理想，回来后就一直放着。由于换电脑，丢失了一些东西，特别是《北画》几乎全丢了。（一个u盘，找不到了。）

2012年我又想起“画报”的图片，想把老的东西搞回来。由于要开“史学会”，我的学生看了，认为《良友》的图片很有学术价值。这样我才把《良友》的书稿做了几本，请大家提意见。承蒙你的胆略和赏识，有幸能出版，我真诚地谢谢你。但是《北画》怎么办呢？所以我有个新的想法。

……[1]

目前《北画》的素材已搞好，约550幅左右。“稿本”大体完成，但还在进行修改想搞得好一些。我是想把“稿本”搞出来，像《良友》一样印出来给你审阅。你看如何？

前面我已说了，决不为难你。如果不能在你社出版，我再另谋出路。另，发一个文件，选了几幅图片，给你看看。（图片中保留了原说明，需要重写。在形成“稿本”后一并剪掉。）实在不好意思，耽误了你好多时间。

祝教安！

张静蔚2013.9.13

收到张静蔚先生这封邮件喜出望外。为什么？

从出版的角度来说，有两本以上的“套书”或“丛书”是非常有利于市场推广的。因为出版物成为系列，比较容易吸引读者的注意力，而且作为一个学术领域也就有了一定的“体系化”的规模效应。更重要的是，张静蔚先生着力于音乐图像研究正好与我的想法不谋而合。我一直对音乐图像有兴趣，早年的文章《从声响走向音响——中国古代钟的听觉审美意识探寻》《方响考》虽然不是很成熟，但也体现了我对于图像中音乐性的一些思考。与张静蔚先生商讨出版“《良友》音乐图片集”的时候，正好我在组织翻译一本音乐图像学论文集的中译版《艺术中的音乐》（*Music in Art*）。中译版《艺术中的音乐》文集选辑于英文期刊*Music in Art——International Journal For Music Iconography*。*Music in Art*是目前国际上最重要的音乐图像学期刊，它由美国纽约城市大学（New York University）音乐图像研究中心（Research Center For Music Iconography，英文缩写RCMI）主办，其为纽约城市大学研究中心的一个项目。这本译著缘起于2007年，经李玫教授的引荐，我与美国纽约城市大学音乐图像研究中心主任，也即*Music in Art*的主

1 省略内容见本文后详述。

编布拉泽科维斯先生结识，并一直商谈关于中文版《艺术中的音乐》的出版。经过多年努力，与李玫、刘勇二位教授合作，2012年秋天在中国音乐学院举办的"音乐图像与东西文化交流国际会议"上中文版《艺术中的音乐》[1]已经问世出版。因此，张静蔚先生的"《良友》音乐图片集"，加上得知张静蔚先生还有一本"《北洋画报》音乐图片集"，这两部音乐图像研究的姐妹集岂不是将作为中国音乐图像学研究的成果与译著《艺术中的音乐》相呼应，为音乐图像学在中国的发展提供很好的资源、样板和动力吗?

因此，上述张静蔚先生的第二封邮件不仅让我喜出望外。张静蔚先生对我的信任，以及其书信中的思考和对此主题不懈的努力，深深地感动我。这就是《〈良友〉画报图说乐·人·事》和《〈北洋画报〉图说乐·人·事》姐妹篇问世的缘由。

二、音乐图像学在中国

通过图像中发掘和认知音乐的作用或意义，作为一种学术研究的方式，在中国尚处于起步阶段。从目前知网上能够搜索到的研究状况，大家的思考和所涉及的领域主要集中在以下几个方面：

1. 关于音乐图像学建设的呼吁或发散性议论，诸如罗永良《中国音乐图像学鉴思》[2]，作者期望更多的音乐研究者、艺术研究者来关心和支持中国音乐图像学的发展，促进并推动其真正与世界音乐图像学学术前沿接轨，由此也不枉中国所蕴藏的丰富而深厚的音乐图像资料。再如车新春的硕士论文《二十世纪的中国音乐图像研究》[3]回顾中国音乐图像学发展过程，并进行了总结，结语部分，讨论了中国音乐图像学与国外音乐图像学学科发展的不同之处，并对其发展前景作一展望。罗先文《我国音乐图像学的研究现状和思考》[4]，文章提出"我国的音乐图像学研究还需要加强图像学与音乐图像学理论的研究，避免各种观点和手段的泛化；淡化学科之争，注重实效性研究；参照图像学的发展趋势，拓展音乐图像学的研究

1 《艺术中的音乐》（洛秦主编，李玫、刘勇副主编，上海音乐学院出版社，2012年）作为"西方音乐人类学经典著作译丛"之一，出版后得到了读者欢迎，目前正在进行重版。为了更为明确该著作的学术属性，重版后的书名将调整为《音乐图像学研究集萃》。

2 载《中国音乐学》，2009年第1期

3 山西大学硕士论文，导师高兴，2004年。

4 载《玉溪师范学院学报》，2009年第7期。

领域和范畴。”

2. 另一类为国内外音乐图像学现状的综述，例如王玲《西方音乐图像学的发展历史及国内外音乐舞蹈图像研究现状述评》[1]，文章摘要指出，欧美各国率先挖掘和整理音乐图像，揭示其深层文化艺术意蕴，以艺术史学的方法综合研究音乐舞蹈史。音乐图像学在艺术史学、考古学、音乐学其他相关学科的促进下有了新发展。关注与其他学科、与世界各民族音乐文化的交流，是当前国际音乐图像研究的新动向。音乐图像研究的一些基本方法在我国学界已经历长期实践。鉴于中国音乐图像研究最新成果，既可见其正发展壮大，也发现有待提升的空间，研究方法和范式亟待与国际学术界接轨。有必要建立具有中国特色的“中国音乐图像学”理论体系，以期使中国音乐舞蹈图像研究逐步纳入有计划、步骤、主体意识、学科理念和规范的渠道。

3. 再是有关音乐图像学学科性质的探讨，诸如刘勇在其《音乐图像的辨伪问题》[2]中指出，音乐考古学与音乐图像学的关系，目前在学界认识尚不一致。有学者认为音乐图像学是音乐考古学的一个分支。因为图像，作为音乐图像学所研究的对象，都是古代的遗迹而非现代作品。对这些古代遗迹进行研究，自然也就属于音乐考古学的一支了。也有的学者认为，音乐图像学不像音乐考古学的对象那样庞杂，有自己专门的研究对象，也有相对独立的研究方法，所以应该自成一个学科。另一位学者王玲的《对音乐图像相关概念的界定及其本质特性的理论思考》[3]一文相对讨论得比较完整，她认为，音乐图像研究是指对音乐的视觉化表现形式——音乐图像及其意蕴的诠释。音乐图像学是对各种音乐舞蹈图像的形式、风格、内容及其中的各种符号、题材等加以鉴定、分类、描述和诠释的专门学科。音乐视觉图像的研究分为三个层次:前音乐图像研究描述、音乐图像研究分析、更深一层的音乐图像学阐释。音乐图像学把音乐图像视为特定民族文化的表征和范式。视觉化的音乐图像符号体现了其创作民族广泛的共同认知、哲学思想和美学追求，代表着一个社会群体的文化意识和文化精神。音乐图像是认识和延续民族文化的重要中介，同时它们也受社会与文化演变的影响。音乐图像的艺术美体现于其图像形式与音乐内容两个方面，其形态特征与观念特征是无法割裂的统一体，它们之间相互依存、相互转换、相互反馈的结构关系，正是这种既有形式又具

1 载《民族艺术研究》，2015年第5期。
2 载《音乐研究》，2012年第5期。
3 载《音乐艺术》，2011年第4期。

意蕴、既是形态又是文化观念的集合符号的基本特征。作为一种整合了听觉艺术与视觉艺术的特殊艺术形式，音乐图像具有情感表现性。音乐图像的艺术表现既反映其音乐和美学本体特征，又必然透视出相关时代社会历史文化的某些特征。

在这一领域，也有对于学科性质和研究方法进行争议的一些讨论。例如李玫《图像研究还是看图说话？——评李荣有〈汉画像的音乐学研究〉》[1]，作者认为：汉代画像形式多样、内容丰富且风格独特，早就引起学者的注意，并且已经产生了众多研究成果。20世纪50年代以来的研究成果显示出对汉画像的研究路向，已经跳出了由金石学沿袭下来的以玩味欣赏为重的那套路数，不再只是孤立地对单张画像石、砖拓片收集、著录，而是深入发掘各种画像所蕴藏的文化内涵，努力寻找汉画像艺术与人的信念、理想之间的关系，努力理解汉画像所体现的思想史内涵，这便拓宽了汉画像研究的文化视角。这种继承并发展了的以图像为媒介的研究目标及方法包含了图像志（iconography）和图像学（iconology）两种学术科目。前者是对图像进行描述、分类，后者是对图像的解释方法。而汉画像中大量有关乐舞百戏的内容又成为音乐图像志及音乐图像学的研究对象。大半个世纪以来，已经发表或出版的众多汉画像研究论著中都或多或少地包含有对乐舞内容的研究解释，《汉画像的音乐学研究》则是一本以汉画像中乐舞内容为主题的研究专著。读过之后，发现该著过分放大了这些图像在文化史阐释中所能担当的作用，没有学科理论的缜密思考和对图像及图像内容的全面分析，就急着下结论："汉画像中的音乐艺术形象……补了中国古代音乐文化史的一些空白和不足"，使本应平和理性的学术研究多了些口号式的过度拔高，同时也存在着学术规范欠缺的问题。另一篇杜亚雄的《应该正确评价中国音乐图像学的成就》[2]对于罗永良的《中国音乐图像学鉴思》一文未能正确评价中国音乐图像学取得的成绩提出了批评，作者认为罗文中有不少提法既不公正，也不严谨，故提出商榷。文章试图从研究对象、资料的使用和研究方法三方面指出罗文的错误。

4. 更多的成果无疑是对于具体研究对象的探讨。学者吕钰秀有两篇相关文章《图像中的音乐史料研究视角与方法》[3]《台北故宫博物馆绘画中的音乐图像研究》[4]。她在文中指出，"音乐图像学的研究对象，是一切与音乐有关的平面视

1 载《文艺研究》，2008年第5期。
2 载《艺术百家》，2010年第1期。
3 载《中央音乐学院学报》，2014年第3期。
4 载《音乐探索（四川音乐学院学报）》，2002年第2期。

觉艺术品。音乐图像在音乐史学科中，长期作为历史的见证，但1992年希巴斯（T.Seebass）参考了帕诺夫斯基（E. Panovsky）的理论，提出了音乐图像研究的三步骤之后，音乐图像学脱离了仅作为音乐史辅助的角色，开始具有独立研究的价值。20世纪后半叶，声音景观（soundscape）概念影响了民族音乐学的研究，使音乐图像在提供历史见证与文化象征之外，更具备了重建古代音乐声响想象的意义。”同时，作者通过以台北故宫博物院所珍藏的绘画作品，特别是对《宪宗元宵行乐图》的分析，探讨了中国古代文人音乐、古琴文化，提出了重建古代声响的思考。

郑祖襄《宋、元、明琵琶图像考——琵琶乐器汉化过程的图像分析》[1]主要通过考古发现宋、元、明时期的琵琶图像，反映出琵琶形制、演奏形态的历史演变。根据图像并结合相关文献史料可知，宋代以后琵琶逐渐设置品位并斜抱演奏，独奏形式越来越广泛。元代以后琵琶出现了“四相五品”，与琵琶套曲《海青拿天鹅》的问世相关联。明代以后琵琶品位有十品之多，并废弃拨子用手弹，右手技法获得进一步发展。明代琵琶形制的完善促进了琵琶音乐的成熟，文、武套曲体裁均已形成。

林蔚丽《中国山水画中的古琴音乐图像》[2]探讨了以古琴为题材的中国传统绘画作品，依据琴在画中所呈现的形态而将其划分为抱琴图、抚琴图、陈设图三类。并且以此为视觉证据，说明了产生这一题材的社会人文环境，与文人们的关系等生活情态和审美价值的同一性，以及古琴音乐文化与文人名士的内在精神联系。对于图像所表现的意境及所隐含的文化意义作了详尽的论述。

刘勇《陈旸〈乐书〉乐器插图中的若干问题》[3]指出，插图是书籍中通过视觉形象帮助读者理解文字内容的图像材料，也是图像学的研究对象之一。我国重要的音乐典籍陈旸《乐书》中有许多乐器插图摹画得不够准确，对读者认识乐器不但没有起到帮助作用，而且还可能误导，他呼吁大家如果在著作中使用插图，应注意图像的准确性。

西方学者对于中国音乐图像的研究也抱有极大的兴趣。王玲《西方音乐图像研究者眼中的〈韩熙载夜宴图〉》[4]介绍了美国音乐图像研究专家彼得·张对《韩熙

1 载《中国音乐学》，2008年第4期。

2 载《中国音乐学》，2007年第4期。

3 载《中央音乐学院学报》，2016年第3期。

4 载《民族艺术研究》，2005年第5期。

载夜宴图》作出了独具特色的阐释，他认为，该图可能是宋代对五代原型的再创作，其起源和风格特征暗示它可能是南宋时对遗失原作的复制。呈现的管乐合奏是龟兹部和鼓笛部的混合，归因于韩家演奏音乐的非正式性，音乐类型和表演很可能为唐代模式。图像表现出音乐是高雅的，对雅的不懈追求是贵族阶层生活方式的基本点，反映出唐朝和五代时期统治者与艺术家之间的等级关系。画家不是为了让图像观众鄙视韩熙载的个性和生活方式，而是要让他们仰慕他在文学和音乐领域的技巧和造诣。精通音乐是一种文化成就。置身于音乐中的统治阶级的视觉呈现说明其才能及艺术和音乐实践中的阶级差别，贵族阶层是艺术和音乐领域的主宰者。

还有学者对于国外的音乐图像进行了研究。例如杨民康《柬埔寨吴哥窟石雕壁画中的乐器图像研究》[1]叙述道，大约建造于9–12世纪的柬埔寨吴哥窟，历经战火之后，至今尚保留了大量精美的浮雕和塑像资料，其中包含许多吴哥王朝时期的宫廷文化、宗教仪式与民间乐舞文化生活与乐器、乐队图景。后世柬埔寨王室及民间舞蹈艺术家则根据这些珍贵的历史和艺术图像学资料，力图去重建高棉古典舞蹈艺术体系。通过对柬埔寨吴哥窟进行田野考察所获的乐器、乐队图像资料与历代汉文史料以及当代南传佛教舞蹈音乐资料进行比较分析，可以从音乐文化史及艺术图像学角度，对这一时期柬埔寨吴哥王朝的宗教祭祀与乐舞文化中乐器的使用状况进行复原性勾勒和描摹。

相对于音乐学其他研究领域，虽然公开发表的音乐图像学文章并不很多，但眼下这个新兴的研究视角正处于不断发展的阶段。中国音乐史学会名下的中国音乐图像学会自成立以来，至今已经举办了多次学术研讨会。例如，由该学会主办的2016年10月第十四届国际音乐图像学会暨第三届中国音乐图像学年会在西安音乐学院举行。此次会议主题为“音乐图像及其跨文化交流”。议题集中于以下几方面：

（1）学科方法的探讨。诸如李荣有《中国音乐图像学古今方法考述》、胡小满的《“定睛法”与音乐图像研究》。

（2）对于中国古代音乐图像研究仍然是热点。诸如刘勇的《谁发明了中国乐器》、黄敬刚的《地下出土先秦时期音乐文物研究》、王安潮的《皖北汉画石中的音乐形态研究》、王歌扬的《以乐器排箫、鼗鼓和量器规、矩为例——试论汉唐浪漫主义

1 载《中央音乐学院学报》，2016年第2期。

思想的精神特质与实践来源》、高兴的《晋南陶寺土鼓的音乐图像学研究》、武利华的《试论汉代音乐图像中的“鼓吹乐”及乐队组合》、丁同俊的《吴晋越窑青瓷魂瓶乐舞图像研究》、卜友常的《试述南阳汉代乐舞画像砖墓的渊源及其影响》、介移风的《晋南出土春秋战国编钟的音乐图像学研究》、段文的《从契丹“八音和鸣”币谈辽代宫廷乐队乐器构成及文化背景》、金溪的《北魏石窟寺伎乐形象的出现、演变及其原因》、方清刚的《石头上的律动——汉画〈太平有象〉组图简介》等。

（3）丝绸之路的音乐图像研究成为了新的关注点，例如有朱晓峰的《晚唐敦煌地区鼓类乐器制作考》、钟力《敦煌莫高窟第156窟出行图的声音景观》、毛睿《形象–心象–法象——敦煌弥勒经变造像的艺术哲学问题探讨》、刘文荣《丝绸之路石窟壁画“华”与音乐供养图像及其流变研究》、李西林《韩休墓乐舞壁画解析》。

（4）另一项一直是重要的领域，即中国地方与少数民族音乐图像研究。如李宝杰《榆林横山乡村土庙祈雨壁画中的乐人形象分析》、肖文朴的《身份认同与性崇拜：瑶族长鼓图像的双重象征》、别志安《商周时期岭南礼乐文明之乐的滥觞——从越族大铙南渐、中原甬钟传入言起》、王玲的《中国西南云南音乐舞蹈图像视觉化的民族音乐形态和结构特征》、崔保亚《贵州少数民族音乐图像学的特征和研究价值》、彭小希《滇文化青铜器乐舞图像研究》、杨洁《南诏国消失的铜鼓——〈南诏图传〉的一个独特视角》。

5. 随着古琴研究的成为学界研究热点，越来越多的学者对此投入了热情。例如，李美燕（中国台湾）《日本正仓院“金银平文琴”的音乐图像研究》、季伟《汉代不同质别的弹琴类画像文物》、牛龙菲《法自然·尚简易——中国古琴》、杨元铮（中国香港）《中国公元前四世纪时期古琴上的漆画》、杨天星《宋画中的古琴》等。

6. 这次会议的国际性特点体现在西方人眼中的中国音乐图像研究和跨地域的音乐图像研究。诸如，[美] Zdravko Blažeković的《十八世纪欧洲人心目中的中国音乐》、[美] Bo Lawergren的《汉代青铜镜上所见到的抚琴图案》、[美] Lars Christense的《北宋乐器图解中有关图像规范性和描述性的问题》，以及研究视野“聚焦亚洲”和“从地中海遗迹到汉代中国”。诸如，王希丹的《论集安高句丽墓壁画中的细腰鼓》、美国双子城明尼苏达大学的Gabriela Currie在《同一个世界，不同的世界：古陀罗国的音乐纽带》、[伊朗] Maryam Dolatifard的《乐器图像：帖木尔时代Shahnameh Baysonghort的插图手稿》、[意] Daniela Castaldo的《罗马帝国时代早期民间艺术中的音乐主题》、[法] Sylvain Perrot的《蛙鸣与打击乐：

古希腊铜像的新观察》等。

同时，部分学者也进行了跨学科的探索，熊宁辉的《音乐图像的联觉含义》、刘宇统的《火花的秘密：火柴盒上的音乐图像分析》、樊杨洁的《数字化音乐图像技术及其运用探索》等。这些文章通过现代科技、日常生活，以及创作思维与方法对音乐图像学加以新的拓展与尝试。[1]

三、可视性声音文化维度及其意义——音乐图像学的独特性与不可替代性

音乐图像学是一门什么样的学科？

简单而言，它是通过图像的途径来研究其与音乐之间关系的研究领域或学科。

那么，它具有什么样的特殊性呢？

我认为，音乐图像学的独特性与不可替代性，体现为“可视性声音文化维度及其意义”。这是我在主编、翻译和审校音乐图像学文集《艺术中的音乐》的过程中思考而得出的。在此，我将这一思考的内容摘录部分介绍如下。在翻译审校过程中遇到的最大“问题”，事实上也是需要进行探索的学术研究的论题，即《艺术中的音乐》所反映的“音乐图像学”所涉及的最基本的范围与概念问题。

《艺术中的音乐》有两个关键词：艺术、音乐。也就是说，当阅读该文集时，我们必须面对与思考它的这些成果所反映的“艺术”和“音乐”是什么？

文集中的“艺术”的类型与范畴基本是美术范畴，其类型有绘画、设计、雕塑、建筑。研究者们关心和思考的是这些类型资料中反映的音乐事像。那么，他们所讨论的“音乐”的性质与内容又是什么呢？与音乐直接相关的是11篇乐器研究，占了文集约43%篇幅的研究探讨了以下的这些内容，即乐器起源及传播、文化信仰与交流、消费与社会生活、乐器图像志分类、复制技术与装饰、娱乐与性文化、社会阶层与殖民文化遗迹，以及哲学意义与文化象征；其他15篇文章研究涉及了这些问题：民居建筑图像中的音乐主题、地域风格的表现方式与象征意义、音乐和谐数学比例的关系、音乐图像及其历史文化语境、崖石刻画与史前人类宗教艺术活动、草图肖像所反映的音乐家性格、圣诗文本和书页图案与音乐表演、货币装帧

1　上述内容选辑于中国音乐史学会微信平台。

与音乐政治、收藏爱好与作曲家生活情趣、器皿装饰与音乐神话寓意，以及弦乐四重奏的视觉意识形态。

从上所述可见，《艺术中的音乐》所探讨的问题并没有我们传统意义上认为的“音乐”内容。它既没有研究音乐表演（演奏或演唱），也没有分析具体作品的音乐风格。《艺术中的音乐》被称为最为权威的音乐图像学研究成果却不涉及“音乐”，那么，没有“音乐”内容的音乐图像学研究的范畴、价值及意义何在？

音乐图像学为一个新兴的研究领域。除了上述的文论之外，不少学者对其投入了很大的关注。例如，韩国鐄教授曾对音乐图像学的性质和价值作过以下的表述：“音乐图像学研究的最大贡献在于补助文字之不足。虽然其研究范围不限于某一时代，但一般仍以古代为主，原因是在照相及电影没有发明以前，古代的乐器和演奏形态文字描述不足之处，图像可以相辅相成。最耐人寻味的音乐图像学研究是音乐象征性之表达，其中尤以乐器的象征性资料最丰。”[1]韩国鐄教授的表述指明了音乐图像学的两个主要特征，其一为“补足文字之不足”，其二为乐器的象征性研究。

塞巴斯（Tilman Seebass）对音乐图像学的性质和特征有过三个层面的论述：1）对音乐图像材料进行描述和解释；2）将相关的音乐图像安置于社会文化语境中进行图像志方式的叙事；3）对音乐图像材料所存在的特定文化中的寓意、象征进行解释。[2]

关于图像学所涉及的艺术与音乐的关系，塞巴斯还说，“图像学的一个重要目标就是对画面所表现的音乐现象与实际的音乐演奏之间的关系展开分析。画家优先关注的问题往往和音乐家以及音乐人类学家大不相同。对画家而言，从美学方面考量画面的构图模式和艺术传统也许比具体描绘对象或场景的精确性更加重要。[3]

音乐图像学是图像研究与音乐研究的交叉结合，鉴于其图像资料的“非音乐”特性，它无疑并非主要关注音乐声音、音乐表演及音乐风格的探讨，而是人们通过图像资料去探讨那些传统研究领域（例如乐谱、文字记载、乐器实物、音响音像材料以及音乐表演研究等）无法涉及的内容，来发现、理解和解读特定的音乐现象。

1 韩国鐄：《音乐图像学的范围和意义》，载《中国音乐学》，1988年第4期。

2 Tilman Seebass, “Iconography”, in *Ethnomusicology: An Introduction*, ed. by Helen Meyers, New York: W. W. Norton, 1992, pp.238–239.

3 同上。

对于视觉艺术中的文化维度及其意义研究，具有音乐学中不可或缺和不可替代的特性及其价值。

我主编的《艺术中的音乐》收录了一篇文章《佳人弄弦：中国出口水彩画中对胡琴的描绘》。由于刘天华的改革及其贡献，使得二胡这件在古代“名不见经传”的乐器在近现代音乐历史上得到了迅速的发展，并取得了重要的地位。然而，鉴于音乐史学家大多在传统史料中寻找相关的音乐内容，由此在刘天华之前的二胡的情况所知甚少，更不用说了解到其在近古时期所生存的社会环境及其价值。18世纪晚期至19世纪末，广东向国外出口大量的水彩画册，英国图书馆、博物馆有百余幅的藏品，这些画卷中保留着鲜为音乐学界所知的当时二胡的社会文化信息。文章作者许恩（Colin Huehns）通过对中国出口水彩画中对胡琴描绘的研究，阐述了他的发现，即这些画册与生俱来地拥有与“人”的接触，它们描绘着普通人的生命，它们采用着更直接的、更个性化的视角，这是许多其他物品所不具备的。或许这正是它们吸引最初购买者的地方。那些绘有美貌丽装女性演奏乐器的水彩画极为鲜明地显示出音乐与娱乐、胡琴与性之间的联系，一定程度反映了“底层阶级”的日常生活。虽然胡琴音乐本身已然消逝，但这些图像给予我们通过碎片化的印象来追寻胡琴音乐产生的历史语境。

我在美国留学时候，曾做过美国街头音乐的田野考察。在美国西海岸的西雅图有一个众所周知的“公众集市中心”，那里是著名的美国传统小商品市场，已经有一百多年的历史。同时，它也是街头音乐家表演的重镇。图录中的那幅画记录的就是这个“公众集市中心”广场上街头音乐家表演的情形，画前的这块地方是街头音乐家们每日演奏的地点。画上标明：“农民集市”（Farmers Market）。此画作于1968年，它是几十年前这里的写照。“农民集市”的标题是美国文

▲笔者摄于西雅图公众集市中心

化中坦荡、朴实精神的体现。

我们从这幅画中看到了什么？看到的不只是随意的一幅壁画、一张广告，它是一个历史与文化的见证。费孝通先生有过一句话："美国并不是一个河里流着牛奶，树上结满葡萄的天堂。假定现在已近于天堂，那是从地狱里升上去的。"美国人的高度文明一大半产生于他们可爱的坦诚。他们从不否认自己没有多少历史，从不抱怨自己过去多么艰辛，从不掩饰自己曾有过的错误，当然也就从不会羞愧自己出身于农民。就连这里绘画上的标题都明确告诉大家，如今西雅图最繁华的地段，半个世纪前是农民的"天下"。透过那"农民集市"画中不那么"专业"的笔触，给予旅游者、行人及我们读者的感觉是，那种坦诚的背后蕴涵着一个"胜利者"的骄傲。承认过去的不那么辉煌的历史没什么，自豪的是理直气壮的今天。谁说街头音乐不入流，它也是新大陆的文化之一。想想如今被列为大学"古典音乐"课程的爵士音调，之前也不过是殖民主义带来的奴隶们所创造的产品。所以，在笔者眼里，"农民集市"壁画就像是这里街头音乐活动的"宣言"：这里是我们的起源，这里是我们的土壤，这里是我们的生活，这里有我们的精神，这里更是我们的文化。[1]

至此，我们已经充分感受到了视觉艺术中所蕴含的声音文化的维度及其意义，也从而体现了音乐图像学的特殊性和不可替代的价值：

萨迪亚（Stanley Sadie）认为音乐图像研究是指对音乐的视觉化表现形式（音乐图像）及其意蕴的诠释。[2]那么音乐的视觉化表现形式的意蕴是什么呢？笔者以为，其"意蕴"既不是前文所引韩国镄教授所述的"补足文字之不足"或"乐器的象征性研究"，也不仅仅是如塞巴斯论述的三个层面——1）对音乐图像材料进行描述和解释，2）将相关的音乐图像安置于社会文化语境中进行图像志方式的叙事，3）对音乐图像材料所存在的特定文化中的寓意、象征进行解释。

从以上大量例证可见，这些视觉化表现形式中的音乐内容是文字通常不涉及的。换言之，这些音乐图像的研究并不是去印证或补充文字资料对同一论题的阐述之不足而进行的。而且，许多音乐图像所保存和体现的情形和寓意也不是文字可以替代的。音乐图像学的独特性在于其提供了音乐学研究中一种"可视性声音文化维度及其意义"。

1　详见洛秦：《街头音乐：美国社会和文化的一个缩影》，人民音乐出版社，2001年。

2　Stanley Sadie, ed. *The New Grove Dictionary of Music and Musicians*, Second Edition. London: Macmillan Publishers Limited, 2002, Volume 12, p. 54.

四、音乐图像学，重写音乐史的另一层面——视角和材料的拓展

我们回到本文的主题，即关于张静蔚先生的《〈良友〉画报图说乐·人·事》和《〈北洋画报〉图说乐·人·事》。通过以上第二部分梳理和介绍了目前音乐图像学在中国的研究状况，请读者务必注意一个非常令人惊讶，并需要认真关注的现象，即所有这些音乐图像学成果中，竟然没有一项是关于中国近现代音乐内容的研究！笔者目前能够查找的仅有一篇关于近现代音乐内容的图像学研究文章，即叶新《黎锦晖儿童歌舞出版作品图像的艺术风格》[1]。

这是一个非常奇特的现象！

中国近现代音乐没有图像资料？其不适合进行图像学的研究？

回答无疑是否定的！

这种现象的存在，反映了学界对于音乐图像学的研究范畴尚需要进一步深入讨论和开阔视野。以上所梳理的音乐图像学研究成果，除了少数议论性的学科建设的呼吁之外，主要集中在：1）中国古代音乐，诸如与音乐相关的考古、乐器、绘画和壁画内容；2）少数民族生活中涉及的与音乐有关联的图像内容。然而，近现代以来的城市音乐、专业音乐、音乐创作、音乐表演等内容完全没有受到应有的关注，对于报刊、图书、乐谱、唱片、剧场、舞台等与音乐有着密切关系的表达媒介完全没有受到应有重视。同时，它也反映了中国近现代音乐史研究中，存在着一大块被忽略的视角——音乐图像学对于其研究的重要价值，而其恰恰是学界呼吁的"重写音乐史"的一个值得关注的新层面。

冯长春在其《历史的批判与批判的历史——由"重写音乐史"引发的几点思考》[2]一文中对此问题提出了非常中肯的批评，他指出："近年来中国音乐史学界关于"重写音乐史"问题的讨论引起了学界广泛的关注，讨论本身涉及音乐史学研究中的许多重要理论问题，其意义不仅仅在于使我们看到了对一些具体史实的不

1　载《长治学院学报》，2014年第6期。作者认为音乐图像学作为一名独立而又交叉的学科，现如今正被一些音乐史学家们重视。它是以美术作品为线索进行音乐史研究，是对美术作品中的音乐题材内容进行分析与解释。该文从黎锦晖出版的儿童歌舞作品的文字刊物图像进行分析，探索黎锦晖儿童歌舞作品的纯朴童真和符合时代气息的儿童形象，进而分析黎锦晖儿童歌舞作品艺术风格形成的成因。

2　载《中国音乐学》，2004年第1期。

同认识、评价、不同的审视与理解的角度，重要的是，通过讨论，使我们意识到音乐史学学科的理论建设中目前存在的一些深层的问题与矛盾。而音乐史学研究中所透露出的某些深层的问题与矛盾，恰恰是当前我们所理应关注的，这对于今后的音乐史学的研究必然也有着极为重要的实际意义。比如，如果我们不对史学研究的方法论乃至我们的史学观念进行反思，而仅仅停留在对史料、史实及其不同的具体评价层面的争讼上，那么重写音乐史的讨论就会停留在一些基本的史学常识的演练上，对于我们以后的史学研究并不能真正带来深层的反思。窃以为，不厘清‘重写’概念的具体指向、不对我们各自的史学观进行省思，‘重写音乐史’要么是一种良好的愿望，要么依然停留在史学研究经验操作的层面上而无法真正实现有的学者认为必须重写的目的，也无法对我们今后的史学研究进行客观的认识与价值评判，更不利于各具特色的音乐史研究著作的出现。”

冯长春指出的深层问题涉及中国近现代音乐史研究领域自身的学术定位、学科性质、研究主体、服务对象及功能作用等，这些不是本文讨论的内容。在此，我仅希望通过“图像学”的视角来思考：中国近现代音乐史研究中的“音乐”所包含的“可视性价值”。

事实上，“音乐”所包含的“可视性价值”不仅只是中国近现代音乐史所需要思考的。就图像学而言，所有与此相关的内容都将涉及这一问题。无非是，中国近现代音乐史距离今日更近，音乐与视觉图像所留存的材料更多、更丰富，我们应该更能够通过这一视角来拓展和充实中国近现代音乐史的内容，使其立体化和富有血肉。这也就是“重写音乐史”所应该思考和实施的范畴。从文化大语境的概念上来说，音乐不只是声音、音符、乐谱或演奏，它不仅是作曲家、表演者个性化的叙述，而更是一种文化、历史和社会的表达。音乐的意义包含了声音本身，以及创造音乐和传递音符的人，而且也无疑需要包括接受音乐、理解音乐的受众。因为音乐对于所有这些创造者、演绎者、参与接受者是发生意义的，对特定社会和历史是有特定价值的。无论时隔境迁的程度有多大，对于某种音乐的理解，永远无法离开这样的文化大语境。只有建立这样的音乐认知，我们才能明白音乐作用的完整意义。换言之，要建构这样一种完整的音乐认知，仅仅只有声音的音乐史研究是不够的，或者说是不完整的。例如，巴赫、贝多芬的音乐之伟大是永恒的，但是对于它们的理解能脱离巴洛克、古典时期的德奥社会与文化语境吗？无疑是不能。同样，聂耳、冼星海的作品是中国革命音乐家的典范。当中华人民共和国《国歌》和《黄河大合唱》的震撼之声响起的时候，我们能脱离它们的社会和文化语境吗？无疑同样是不能。而且，不像当我们聆听巴赫、贝多芬的作品之际，感悟的更多的是一种宗教的、英雄的、哲理的或抽象的，而《国歌》和《黄河大合唱》之声所唤起的是一种实实在在、似如还在眼前的、对于中华民族的存亡、对于每一位中国人都命运相关的那种的场景：

> 起来！不愿做奴隶的人们！把我们的血肉筑成我们新的长城！中华民族到了最危险的时候，每个人被迫着发出最后的吼声。起来！起来！起来！……
>
> 风在吼，马在叫，黄河在咆哮，黄河在咆哮……

这种场景是具有活生生的画面和视觉冲击与心灵震撼的，因为音乐带给我们不只是聆听，而直接唤起了可视性的思考。与听觉和阅读一起，视觉成为不可或缺的部分建构起完整的“音乐”研究维度。

我们从《〈良友〉画报图说乐·人·事》和《〈北洋画报〉图说乐·人·事》可以领略到不少这些“不只是聆听，而直接唤起了可视性的思考”的非常生动且珍贵的场景：

以上左图是一个少年乐队组合，中图是北平各校小学生庆祝新年元旦游艺的舞蹈表演，右图是农村儿童集合唱歌。此类的场景非常多，它们充分反映了当时儿童音乐教育与活动的普及，对于音乐启蒙和美育教育产生了深刻的影响。

《北洋画报》中有关音乐教育的图片甚多，包括幼儿园、小学、中学的音乐活动的报道和传播。图片显示孩子们轻歌曼舞的神彩和活泼跳荡神情，凸显出新一代青少年的精神面貌，特别是女性学生参与音乐活动的照片数量之多，令我们惊叹。也因此，我们可以由此想听聂耳的歌曲《新的女性》“新的女性勇敢向前冲”

响彻各地。《北洋画报》中显示了大量名校的女性音乐活动场景，如天津南开女中、天津圣功女中、天津南开中学、北京慕贞女中、上海惠群女学、天津中西女校、沈阳同泽女子中学、青岛两级女中、唐山淑德女中等。同时，张静蔚先生在《〈北洋画报〉图说乐·人·事》中专门将高等学校的音乐教育活动列为一辑，其中一类是从事专业音乐的，如北京大学女子文理学院音乐系、天津市立音乐体育传习所、北京艺专音乐系、金陵女子大学音乐系、上海美专音乐系等。这些学校培养的学生将从事音乐表演或作曲、音乐理论等工作；另一类是师范院校的音乐系，主要培养各级的音乐教师，如北京师大、河北女师音乐系、通州女子第六师范音乐科等。这些图片具有较高的史料价值，它们的音乐实践为后来我国音乐的发展起到历史的作用。

此图是广东北江船夫号子（一组近十幅图片）描绘了船夫拉纤演唱号子的场景，其中四幅图片是为歌曲《嘉陵江上》的配图，也即“川江号子”。

张静蔚先生在书稿中提及，“九一八”以后，《良友》并未发表多少音乐图片。但是，随着救亡运动浪潮的高涨，《良友》的态度有明显的转变，发表了不少这方面内容的有价值的图片。我们看到有很多音乐家出现在《良友》上，如聂耳、冼星海等。此外更多的是人民群众在抗日战争中，满怀激情地高唱爱国歌曲的情景，如1935年北京太和殿的大合唱，1940年重庆的千人大合唱等。这些确是伟大的历史记录。例如：1）北平大中学生联合组织之歌咏团，1935年5月在太和殿开始第一次合唱。全团共男女六百人，其伟大为中国以前所未有。演奏会之日，听众人如山海，为北京最近之盛事。（1935年第106期）总指挥范天祥在指挥（1935年第106期）。2）“起来，不愿做奴隶的人们！”——孩子们的演唱（1939年第143期）。3）《山城的怒吼》：精神总动员1939年二周年纪念日，重庆市由教育部发动，举行千人合唱大会，选定11首名曲、军乐合奏二曲。陈部长亲亲撰《胜利年颂》和《苦斗》二歌词，由音乐家金律声、李抱忱配制军乐伴奏。举行地点为夫子池新运模范区广场。演奏时由中央广播电台直播，在各要衢扩大播音，歌声嘹亮、响遏行云，全市市民皆能收听。如以下左图所示，此诚中国音乐界空前之盛举。右图为贺绿汀为民众教唱抗战歌曲。

《北洋画报》中刊载了非常多的音乐歌舞的宣传报道，特别对于黎锦晖的“明月歌舞团”这个我国近代组建最早的专业歌舞演出团体进行了专辑报道（《介明月歌舞团》1930年第474期）。黎锦晖及其明月歌舞团“不在其歌之艳，舞之美，而在此种艺术教育之团体，为不多得也”。更为可贵的是，《北洋画报》刊载了不少民族音乐的图片，主要集中在传统戏曲和曲艺，这些大量舞台演出图片和新闻报道及评论反映了传统艺术在20世纪30年代的演出盛况。

上述只是列举了《〈良友〉画报图说乐·人·事》和《〈北洋画报〉图说乐·人·事》中很少的内容。然而，这些内容是我们在众多的中国近现代音乐史著作和教材中不曾见到过的。它们打开我们的视野，开启了我们聆想它们的功能和价值的场域。在此，我将之前张静蔚先生信函中省略的文字引述如下：

> （我有个新的想法。）先说说《北画》，这是与《良友》风格完全不同的画报。怕你没有时间了解，简介一下《北画》:《北洋画报》于1926年7月7日在天津创刊，是一家独资经营的刊物，当时曾得到奉系军阀的资助。该刊由冯武越、谭北林所办，吴秋尘主编，至抗日战争爆发后停刊，先后出版了1587期（每期4页），并于1927年7月至9月间另出版副刊20期。该刊初为周刊，继改为三日刊，最后为隔日刊，该刊于1937年7月29日停止出版。该刊内容包括时事政事、文教、体育、戏剧、电影、书画艺术及中外史地知识、风景民俗、考古文物等方面的各种社会活动、重要事件和人物。还有各种专刊。近几年有不少研究《北画》的论文。从民族音乐学的角度看，关于城市文化的调查，该刊更值得全面研究。如果说《良友》偏“雅”，而《北画》则偏“俗”。这个“俗”不是“低俗，庸俗”，恰是市民文化的“通俗、民俗”。例如对戏曲、说唱的大量内容，就很难在其他刊物看到。仅反映戏曲的专刊，就出了422期，可以说是反映了近代戏曲发展的重要史料。
>
> 我曾想，如果把这422期专刊全搞下来，就是一篇很好的论文；每期选一张图片，就422张，也够一本书了；但何止一张。我在选这部分（民族音乐）时，就感到非常难。就音乐来说，与《良友》所反映的也完全不同。如对“明月歌舞团”，在《良友》上反映的就很少，而在《北画》上就非常充分，单专页就三个整版，还发表了黎锦晖的像。还有短论二十多篇。这在《良友》上是不可能的，等等。如果看不到图片的史料意义和学术价值，那我就白白浪费了太多的时间。如果我们不给后人留下点历史，我们史学工作就没有什么意义和担当了。
>
> 让音乐史不但可以读、可以听，又可以观。岂非乐事！

“让音乐史不但可以读、可以听，又可以观”正是张静蔚先生从《良友》《北洋画报》中辛劳地辑录与当时的历史、社会和生活相关的音乐图像的目的，他以最为简单和质朴的语言道出了以音乐图像学的视角来“重写音乐史”的价值所在！张静蔚先生及其《〈良友〉画报图说乐・人・事》和《〈北洋画报〉图说乐・人・事》引领着我们开启这一新领域的先河！

结　语

音乐的声音文化不只是体现在录音、唱片、记谱、演奏、歌唱、作曲、乐器或相关文字记载等传统学术研究对象的形式中，而且它也表现在记录、描绘音乐场景的视觉表现形式里。视觉形式的音乐内容提供了宽广的想象空间，在这个空间里，我们的视觉感官与听觉感官同时发挥着作用。视觉艺术所提供的音乐事像的直观和具象型态——人物肖像、乐器画像、表演场所描绘，特别是对于音乐活动的生动活态行为方式的记录，以不同于音乐文字、音符符号、乐谱分析或甚至音乐声音的方式来认识、理解或解释那些已经消逝的音乐文化的现场。而且，通过这些图像也反映了绘制者及其所处社会传统对于所描绘的音乐对象的文化态度和立场。它提供了一个更为广泛、丰富的音乐历史文化的聆想场域。

虽然音乐图像的真实性、可靠性是需要谨慎对待的问题，但当以图像的音乐内容可被证实为前提——特别是像《良友》《北洋画报》这类主要刊登实景照片的音乐活动场景的图像，研究者也具备了音乐图像学者基本素质——较强的历史学功底、基本的视觉艺术的能力、宽泛的人文知识、敏锐的问题意识以及客观的批判精神，那么音乐图像学所提供的“可视性声音文化维度及其意义”，则体现了其在音乐学研究中的独特性与不可替代性。

前　言

张静蔚

本书是以《北洋画报》上发表的图片为素材，选取与音乐有关的五百多幅图片编辑而成的。

《北洋画报》（下文简称《北画》）于1926年7月7日在天津创刊，是一家独资经营的刊物，当时曾得到奉系军阀的资助。该刊由冯武越、谭北林所办，吴秋尘主编，至抗日战争爆发后停刊，先后出版了1587期（每期4页），并于1927年7月至9月间另出版副刊20期。该刊初为周刊，继改为三日刊，最后为隔日刊。该刊于1937年7月29日停止出版。该刊内容包括时事政事、文教、体育、戏剧、电影、书画艺术及中外史地知识、风景民俗、考古文物等方面的各种社会活动、重要事件和人物，还有各种专刊。从民族音乐学的角度看，关于城市文化的调查，该刊更值得全面研究。如果说《良友》偏“雅”，而《北画》则偏“俗”。这个“俗”不是“低俗、庸俗”，恰是市民文化的“通俗、民俗”。例如对戏曲、说唱的大量内容，就很难在其他刊物看到。仅反映“戏剧专刊”就出了422期，可以说是反映了近代戏曲发展的重要史料。此外还编辑有“电影专刊”“学生专刊”“妇女专刊”“幼稚园专刊”等，大量报道和传播了相关的图片和文字。还有专门为某人物或团体编辑的“专页”，如“梅兰芳专页”“明月歌舞团专页”“梅花歌舞团专页”等。

《北画》以“实行普及知识的任务”为口号，并以传播“时事、美术、科学、艺术、游戏、种种的画片和文字”（1926年第1期）为宗旨，兼及“报”的新闻性和“画”的形象性，为研究1926—1937年天津及北方的社会文化氛围提供了图文并茂的珍贵史料。近年来以《北画》为题材，对各个领域进行了相当多的研究，成为当今学术界一个热点。但鲜有通过《北画》来系统研究音乐传播的著述。

《北画》所刊登的音乐图片，交织出了一幅别样的时代音乐画卷。如对“明月歌舞团”，在《良友》上反映的就很少，而在《北画》上就非常充分，单是专页就发了三个整版，还发表了黎锦晖的像，另有短论二十多篇，这在《良友》上是不可能的，等等。我们要看到图片的史料意义和学术价值，应该给后人留下点历史。《北画》所发表的音乐图片，确是反映了我国20世纪二三十年代的北方音乐的实况，具有较高的音乐史料价值。

为了使读者更好地了解《北画》展现的音乐图片，我们把这些图片编为七辑。第一辑和第二辑为音乐教育的图片。首先是对中学、小学、幼儿园的音乐活动的报道和传播。可以发现对20世纪二三十年代中学、小学、幼儿园的音乐教育的报道逐年增加，图片显示孩子们轻歌曼舞的神采和活泼跳荡神情，凸显出新一代青少年的精神面貌。而在这中间可以看到京津两地及其他名校，均有音乐教育的图片入刊，如天津南开女中、天津圣功女中、天津南开中学、北京慕贞女中、北京贝满、育英、北京女子两级中学、北京翊教女中、上海惠群女学、天津中西女校、沈阳同泽女子中学、青岛两级女中、唐山淑德女中等。而在第二辑中，对大、专学校的音乐教育的传播，从图片中可以看到，在大专学校中，一类是从事专业音乐的，如北京大学女子文理学院音乐系、天津市立音乐体育传习所、北京艺专音乐系、金陵女子大学音乐系、上海美专音乐系等。这些学校培养的学生将从事音乐表演或作曲、音乐理论等工作；另一类是师范院校的音乐系，主要培养各级的音乐教师，如北京师大、河北女师音乐系、通州女子第六师范音乐科等。总的说来这些图片具有较高的史料价值，它们的音乐实践，为后来我国音乐的发展起到历史的作用。

第三辑为对“明月歌舞团”的宣传报道。“明月歌舞团”是我国近代组建最早的专业歌舞演出团体，由黎锦晖创建。之前黎锦晖创办了我国最早的专门训练歌舞人才的教育机构——中华歌舞学校。可以说黎锦晖在音乐创作、音乐教育，以及通俗歌曲等诸多方面的成就都开历史先河。早在1930年前，“明月”就两次进津演出。但当时多为儿童专场，并未大规模地进行专业演出。有的文章指出，明月的演出“不在其歌之艳，舞之美，而在此种艺术教育之团体，为不多得也”(《介明月歌舞团》1930年第474期)。

第四辑为对音乐歌舞的宣传报道。音乐歌舞表演在20世纪30年代是非常热络的。加之《北画》在这方面的宣传、鼓吹，使专业团体真如雨后春笋般地发展。《北画》发表的歌舞图片非常多，(包括国外来华演出的歌舞团体)如上海文学社、北京丁香社、天津群一社、集美歌舞社、上海曦社歌舞团、艺光歌剧社等。谈到音乐表演，《北画》刊登了一些图片，以更好地传播音乐艺术。如1931年当时天津著名钢琴家夏志真及学生音乐会、燕京大学合唱团于1935年到天津公演《弥赛亚》、二胡演奏家蒋风之与琵琶演奏家周少梅，于1933年8月在天津举办独奏音乐会。蒋风之演奏了《病中吟》等；周少梅演奏了《胡笳十八拍》等。其他如“北京青年会育婴堂募捐音乐会”、演奏的钢琴五重奏、大提琴独奏、女声独唱、钢琴独奏音乐会和“锯琴”二重奏，以及1937年的两位演员的小提琴独奏等，对音乐的传播有相当的影响。

第五辑对传统音乐的传播和宣传。在《北画》发表的有关民族音乐的图片中，主要体现在传统的戏曲和曲艺，其他形式和体裁较少。《北画》发表的戏曲和曲艺的图片，有相当多的舞台演出图片和新闻报道，还有一些短评，可以说是五花八门，无所不有，从中可以看出传统艺术在20世纪30年代的演出盛况。在《北画》中对京剧予以非常大的关注。《北画》全面介绍了梅、程、荀、尚（男旦）和章遏云、胡碧兰、雪艳琴、马艳云（女旦），图文并茂，特色俱全。特别对梅兰芳的报道，在1927年第81期的封面上，刊登梅兰芳肖像，并编发三版的“梅兰芳专页”等。再谈对说唱音乐的传播，可以说天津是说唱音乐的故乡，名人辈出、形式丰富，举凡各地的说唱音乐形式，都能在天津落第开花。当时很多著名说唱演员都有图片，如苏滩演唱家李文英、天津鼓姬小黑姑娘、北京大鼓名姬王凤友、酸调大鼓演员新遏云、东北鼓书大王刘问霞、在天津演出的辽宁大鼓之朱壐珍、莲花落演员张素芬、靠山调演员姜二顺、河南坠子演员巩玉等。至于著名的京韵大鼓表演艺术家刘宝全和小彩舞，更是《北洋画报》青睐的对象。正如有评论说：当时的天津“几于家家户户，弦歌不息矣。”（《听鼓琐谈》，1930年第430期）各地的说唱艺术家大都经过在天津的磨砺，而走向更高的艺术境界。

第六辑音乐家的图片，其中有杨仲子、王光祈、刘天华、古琴家杨宗稷、黎锦晖、天津钢琴家夏志真、王人艺、严折西、曹安和、齐尔品、陈绵和外国音乐家贝多芬、歌唱家夏里亚平与夫人、世界著名小提琴家爱尔曼等。这使音乐家在《北画》上显示了才华，也提升了《北画》的品味和所承担的推广的义务。

第七辑为其他与音乐有关的图片和文艺短论等文字作品。

《北画》所呈现的音乐图片，为我们了解和研究20世纪二三十年代北方的音乐活动，提供了丰富而真实材料，有充分的史料价值。

谨将本书作为纪念《北洋画报》创刊90周年。

编　者

2016年3月

北洋画报

图说乐·人·事

第一辑

音乐教育与艺术活动（中、小、幼）

中国近代的音乐教育自1840年以后，大约在1860年开始有外国传教士在中国开办学校，其中设有乐歌课。在戊戌变法后清廷对维新有一些让步，加之维新人士的鼓吹，逐渐也开办了一些学校，其中也有音乐课。1904年，清政府颁布了《奏定学堂章程》，其中就提出音乐课，当时叫“乐歌”。但直到1909年当时的学部才提出在中小学开设音乐课。辛亥革命以后，蔡元培任国民政府教育总长，通过了新的教育章程，其中对音乐教育作了明确的规定。然而在师资、教材、设备等方面都极缺乏，主要是在课堂上学唱“学堂乐歌”。在《北洋画报》上看到的一些音乐教育的图片，主要是五四运动以后的音乐教育的情况。一方面音乐教育的内容有所扩大，另方面根据教师的情况增加了课外活动。封建的、古老的乐教传统被活泼的、新兴的音乐所替代，为新一代青少年的健康的发展，注入了新的活力。当然这些图片所展现的是音乐教育的成果，对于音乐教育的过程，很难在图片中显现，只能在其他文献中了解。这部分图片很多，说明音乐教育如雨后春笋般地发展。为了方便阅览，特分为两辑。本辑反映的是中学、小学和幼儿园的音乐教育。

圣功女中建于1914年6月28日，初创时定名为“圣功女学校”，1929年更名为“圣功女中”。1952年底学校改为公立，更名为“天津师院女附中”。是天津较早的女校之一。

▼一位小学生跟着留声机学唱歌

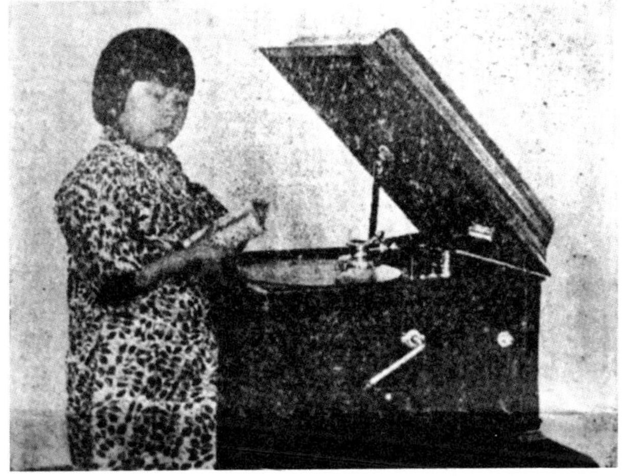

▼天津圣功女中学生表演的舞蹈《仙园》

▲山东兢进女子小学校之舞蹈《雪花舞》

▲北京女子两级中学初三学生毕业歌舞剧《三蝴蝶》

▲北京翊教女中学生表演之《三蝴蝶》

▲北京翊教女中学生表演之《一片爱国心》的化妆照

翊教女中,全称“北平翊教女子中学”,1926年9月成立,校长陈仲益。成立时位于北京西城翊教寺附近,因地而名,1931年迁西单北堂子胡同。学生人数三百余人。高、初中完备。

女作家林海音于1933年春明女中初中毕业后,在这里读高中,中途转入成舍我创办的“北平新闻专科学校”。

日伪时期著名影星李香兰(又名潘淑华,日文名山口淑子)1937年毕业于此。李香兰曾在她的传记中说:“我从东北来投亲,作为一个中国人,潘家的干女儿,上了翊教女子学校,名叫潘淑华……上学时三人同路,放学时有时只剩我一个人。那时候,我常顺路去北海公园,在无人的小岛上练习汉语发音或查字典,也曾去过远处的太庙。”

▲沈阳同泽女子中学表演之舞蹈

同泽女中始建于1928年，是由爱国将领张学良将军创办的一所历史名校。

北京培根女校是北京最早成立的女校之一，1908年为著名教育家马向伯创办。现为府右街小学。

◀北京培根女校学生之《彩带舞》

◀上海惠群女学中学生表演之《花神之爱》

▲北京女青年会平民半日学校由女生表演的合唱节目

天津中西女校是近代中国最早的普通学堂之一，即天津中西学堂，于1895年10月2日天津海关道盛宣怀呈请北洋大臣王文韶奏请设立。

◀天津中西女校音乐专科第一次毕业生周景真与外教苏女士

▲天津培才小学1929年毕业会中之舞蹈

天津私立培才小学创办于1927年，校址在法租界德大夫路（今河北路），级制为高初级单式，校长郝铭。为当时天津有名的学校，还创办了幼儿园。

◀青岛公立女中学生表演的《双人舞》

▲青岛圣功女中学生表演的《月宫仙子》

◀青岛两级女中学生表演的舞蹈《访春》

◀青岛公立女中学生表演的舞蹈《春游》

◀五位小舞星表演的《一朵梅花》

南开小学的说明，可见本辑“南开中学”。

◀天津南开小学生表演的《葡萄仙子》

▼哈尔滨第十七小学校女生表演《明月之夜》

▲北京北方中学13周年纪念会上表演《沙利舞》

▲北京女一中口琴班与指导老师林鸣

▲天津津中小学学生表演的《蜜蜂舞》

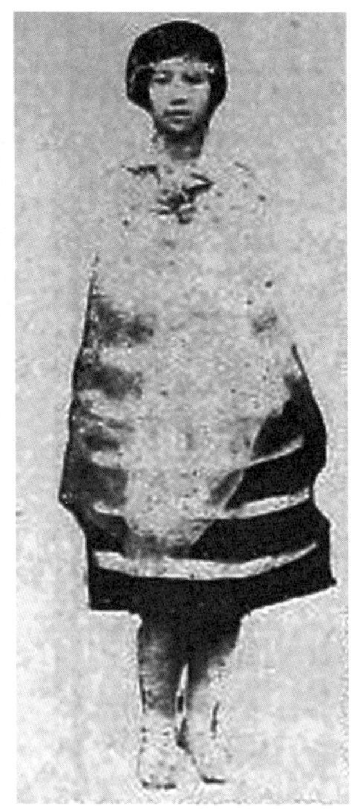

▲《惜花歌舞》的表演者之一

▲小小音乐家

▲《惜花歌舞》中最精彩之一幕

◀小学生表演的歌舞《皮匠》

▼小学生表演的歌舞《洗衣》

▲天津培才小学二年级学生表演《耶稣降生》

▲天津培才小学四年级学生表演之《滑稽舞》

▲天津南开女中1931年毕业班表演《六人舞》

天津南开女中创办于1923年。见本辑“南开中学”的说明。

▲天津培才小学学生表演之儿童剧《名利网》

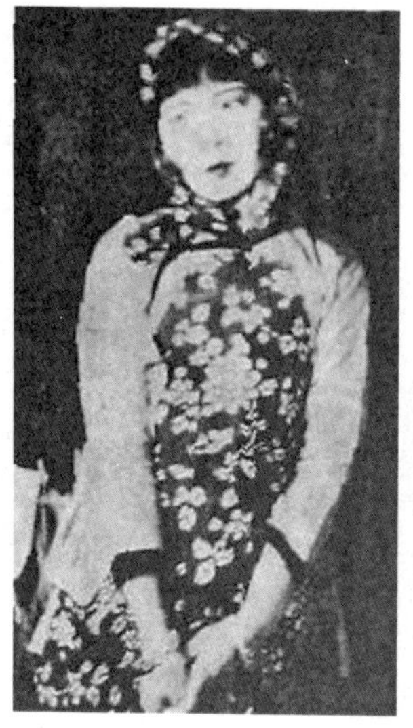

▲北京女一中表演舞剧《南归》中的村姑

▲北京女一中表演歌剧《画眉鸟与蔷薇》

▲天津培才小学学生表演之歌舞剧《小孩和白兔》

▶三个跳舞的外国小朋友

▶天津惠慈学校夏季恳亲会上学生表演之《好朋友来了》

▶北京两级女中十一周年校庆大会上表演《散花舞》

▲天津培才小学学生表演之《水手舞》

▲北京妇女三团体举办赈灾会之少女舞团的表演

▲天津中西女中学生表演之《名利舞》

▲唐山淑德女中学生表演之歌舞

▲武汉各界庆祝儿童节举行提灯会的第一小学学生

▲北京各学校小学生庆祝新年游艺会，艺文附小表演之《皮匠舞》（上）和北师附小表演之《请茶舞》

◀北京举办全市唱歌比赛，中学甲组第一的慕贞女中学生

慕贞女中于1872年（清同治十一年），美国“美以美会”派遣班美瑞和博慕贞两个女教士来到北京，办起了慕贞女校。校址坐落在崇文门孝顺胡同，由班美瑞担任校长。一年以后，改由博慕贞继任校长。经历了1900年义和团运动，直至1929年被教育部批准。1941年慕贞改为女五中，1947年初中一年级新生就达200人之多。慕贞女校从平房两间逐步扩展到有楼房四座，有较大规模和较完善的设备，是经过了百余年的历程的。学校的歌咏队是闻名一时的，参加的都是爱好歌唱、嗓音好的学生。当时有伍氏姐妹小乐队，经常和汇文学校乐队合奏，参加基督教青年会和协和医院的文艺演出。1934年前，歌咏队曾在北平市歌唱比赛会上得过两次锦标。1935年又在全市中学生歌唱比赛中获得团体和个人第一名，并且由百代唱片公司灌成唱片。

▲北京举办全市唱歌比赛，小学甲组第一的汇文小学学生

◀南京儿童歌唱表演会《快乐呀》之一幕

◀天津南开中学1935年班毕业生表演的《皇宫舞》

天津南开中学由著名教育家严范孙和张伯苓创办，始建于1904年10月17日，是南开系列学校（现有一所大学、六所中学、一所小学）的发源地。

1937年“七七”事变后，主要校舍被日本侵略军的飞机炸毁，在津师生被坐落在英租界抗日倾向强烈的耀华中学收留，战时耀华中学校舍为扩容改为上下午两班制，以供耀华与南开的师生上下午交替使用，其余部分师生迁到重庆建立了重庆南开中学，直到抗日战争胜利后才回到天津复校。

天津南开中学建校一百多年以来，为国家培养了大批人才，包括政治家、科学家、艺术家等。

▲天津南开中学在篝剧《还乡》中的五位采茶姑娘

上海中西女中的前身是中西女塾，由美国基督教监理会创办于1892年，旧址设在今黄浦区汉口路西藏中路口。英文名称Mc Tyeire School得名于南方卫理公会的墨梯（Holland Mc Tyeire）主教。中西女塾的创办人是美国卫理会驻沪传教士林乐知，首任校长是海淑德。1917年中西女塾迁入沪西忆定盘路（今江苏路155号）占地89亩的经家花园。1929年中西女塾向中国政府立案，聘请杨锡珍为第一任中国校长。1930年向国民政府立案，改名私立中西女子中学。1933年拆除旧的教学楼，建造新教学楼。1935年底新教学楼落成。1936年聘请薛正为中西女中校长。1943年夏日军强占中西女中校舍作陆军第二医院，校舍迁海格路英国女子中学（今华山路中福会儿童艺术剧团）。1945年 8月抗战胜利，学校迁回江苏路校舍。1952年 7月上海市教育局接管中西女中和圣玛利亚女中，并把两校合并为上海市第三女子中学，校址在江苏路155号原中西女中校园。

▶上海中西女校毕业生同乐会后留影

▲天津青年会40周年纪念会之口琴演奏会

◀北京妇女慈善游艺会培华女中陈氏姐妹表演《月夜箫声》

▲北京艺文幼稚生表演之《耗子舞》

▲天津市立第五小学26周年纪念会幼稚生表演的《麻雀与小孩》

▲北京艺文幼稚园表演《大家同唱庆祝歌》（左）和孩子们嬉戏（右）

◀北京慕贞女中学生纪念65周年的合唱队员

▲北京艺文幼稚园庆祝儿童节表演之《问安舞》

▲青岛市儿童节由台东小学校表演之《花团锦簇舞》

▶北京翊教女中庆祝双十节及该校十周年表演的《清扇舞》

▶北京翊教女中庆祝双十节及该校十周年表演的《蝴蝶姑娘》

▲北京教育文化新闻界举办赈灾音乐会中华口琴会演出

▲北京教育文化新闻界举办赈灾音乐会慕贞女中歌咏队演出

▲联青夜中国际学校女生表演之《鞑鞑舞》

▶北京英国妇联举办联欢会由明明小学表演之舞蹈

▶北京慕贞女中66周年纪念会合奏《国耻献词》的合唱队员

▲北京贝满、育英两校联合音乐会全体合唱团员

贝满女中当初是由美国基督教公理会创办的，其创始人是来中国的传教士艾莉莎贝满夫人。贝满夫人于1864年在北京设立贝满女子小学，校址在灯市口大街北面的大鹁鸽市胡同，规模较小，由她一人主持校务。以后有了中国教员，逐步发展，到1895年，已初具规模，开始成立四年制女子中学，校名为贝满女子中学。1902年，校舍往南扩建。1905年，在贝满女子中学课程的基础上，又增设了大学课程，名为协和女子大学。1923年，贝满女中改为三三制完全中学，学生人数剧增。1926年，燕京大学女校与男校合并迁往城外，贝满女中高中部遂迁佟府，初中部仍在灯市口公理会院内。1927年经北洋政府教育部批准立案，定名为北平私立贝满女子中学。1941年，太平洋战争爆发，学校被日伪当局接管，曾一度改名为北京市立第四女子中学。1945年抗战胜利，学校又于当年9月恢复贝满女中校名。此时学校已发展到高中有9个班、初中有12个班的规模。

贝满女中有一个水平较高的歌咏队，在20世纪30年代，它曾在上海百代公司灌制过唱片。它和隔壁育英中学组成的联合歌咏队更有悠久的历史。联合歌咏队每年都要公演一次。解放前，曾公演过《可爱的中华》及神曲《弥赛亚》等，刚刚解放后，就又公演过《黄河大合唱》和《生产大合唱》等。每次参加市、区演出，都名列前茅。

贝满女中曾为国家培养了大量人才。如中国现代文学巨匠冰心从1913年到1918年，在这里度过了五年的青春时光。

北京育英中学，由美国基督教公理会创建于1864年。20世纪30—40年代，已驰名全国。1933年，冯玉祥先生为学校题词“国家兴亡，匹夫有责，寇深事急，山河裂破，育英同学，救亡情迫，举办年刊，如终军策”。1935年，胡适先生任董事并为学校图书馆题匾。那时，学校专设篮球场、排球场、足球场、冰球场及300米跑道。各种球类组织共达七八十队之多。学生课外团体，如旅行团、社会调查团、短波无线团、中西音乐社、歌舞团、国剧团、新剧团。且设有育英广播无线电台，频率1 194千赫，定期向远至天津方圆以内的城市和乡村播送有关音乐、科技、卫生、文学、史地常识等节目。学生课外研究会，有家庭问题研究会、航空研究会、无线电研究会、国防研究会、国货研究会等，还有机械科、工业指导课、卫生训练班。

1929年，育英学校聘请了李抱忱先生任音乐教师，这位后来的著名音乐家当时还是燕京大学音乐系的学生，他的到来把育英学校的音乐教育推向了顶峰。他自己填词、译词，自己制作乐器，激发学生学习音乐的热情。在他的带领下，1931年育英学校和当时的贝满女中成立了贝满育英联合歌咏队，1932—1936年，联合歌咏队共举行了五届对外公演的专场音乐会。1931年“九一八”事变发生，歌咏队举行爱国音乐会。1932年，“一・二八”淞沪战争爆发，歌咏队公演筹集到290元捐款，全部捐给抗日一线的19路军。1934年，歌咏队在李抱忱先生的带领下，以宣传抗日为初衷，组成津、沪、杭、宁、济、京六城市演出队，进行巡回演出。这次南下，是中国合唱团的首次巡回演出，扩大了歌咏队的影响。

一百四十多年来，培养了大批优秀人才，遍布祖国和世界各地。

▲北京华光女中欢送毕业生之表演《土风舞》

▲北京青年会国际儿童歌舞会德国学校之学生合唱

▼北京翊教女中演出《放下你的鞭子》的女主角

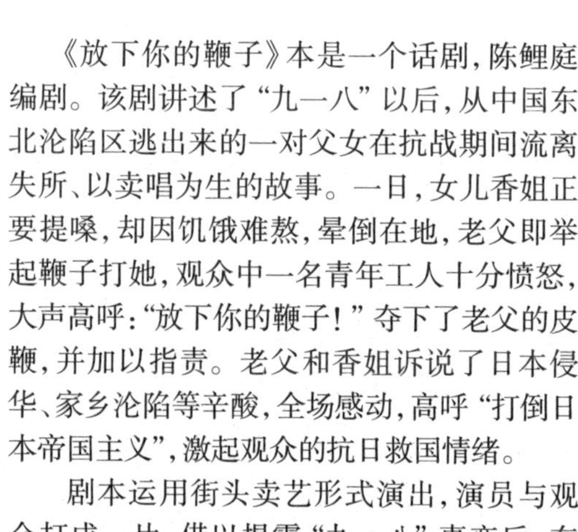

《放下你的鞭子》本是一个话剧，陈鲤庭编剧。该剧讲述了“九一八”以后，从中国东北沦陷区逃出来的一对父女在抗战期间流离失所、以卖唱为生的故事。一日，女儿香姐正要提嗓，却因饥饿难熬，晕倒在地，老父即举起鞭子打她，观众中一名青年工人十分愤怒，大声高呼：“放下你的鞭子！”夺下了老父的皮鞭，并加以指责。老父和香姐诉说了日本侵华、家乡沦陷等辛酸，全场感动，高呼“打倒日本帝国主义”，激起观众的抗日救国情绪。

剧本运用街头卖艺形式演出，演员与观众打成一片，借以揭露“九一八”事变后，东北人民在日本帝国主义残暴统治下的悲惨遭遇，使观众认识到必须团结抗日才有生路。在抗日战争初期曾广泛演出，鼓舞了人民的抗日斗志。剧中有一段女主角的唱段，所以音乐界也经常提及这部话剧。

本辑图片出处目录索引

【注:1. 有△记号为未选图片,各辑相同;2. 索引中第二列,"–"前为年代,"–"号后为期号,如"1926–5",即1926年第5期。3. 索引按出版年代排序。】

北洋画报

图说乐·人·事

第二辑

音乐教育与艺术活动（大、专）

在大专方面的音乐教育，首先是师范的音乐教学。伴随着中、小、幼的音乐课的开设，当务之急是缺乏音乐教师。因此随着中、小、幼的音乐课的开设，几乎同时就有师范学校音乐科的出现，甚至速成班的出现。民国以后各省都有师范的音乐科，据文献记载蔡元培任国民政府教育总长后，于1912年12月颁发了《师范学校规程》，强调“在习得音乐之知识技能，以涵养德性及美感，并解悟高等小学唱歌教学法”。同年北京设立“北京高等师范学校”，音乐为必修课之一；浙江两级师范学校，有“音乐图画手工专修科”；湖南高等师范学校增设音乐科等。在一般的普通大学，有的也根据学校的条件设有音乐系，培养一些专门音乐人才。而且在普通大学还有学生的社团活动，其中很重要的就是音乐社团，如萧友梅在北大就作过音乐社团导师。在《北洋画报》发表的图片里，就有二十多所专门学校的音乐教育成果。但是这些还不能完成音乐专业的任务，由此于1927年在上海成立了中国第一所音乐学院——上海音乐学院。本辑的图片所反映的是大、专院校音乐教育的成果。

▲上海两江女子体育师范学校表演之《凤魔舞》

上海两江女子体育师范学校成立于1922年，创办人陆礼华。最初为上海两江女子体育师范学校，1928年更名为私立两江女子体育专科学校。学制为两年，除体育课程外，还设有音乐、舞蹈等课。上海解放后由人民政府接办。

◀上海民国女子工艺学校表演黎锦晖创作的《三蝴蝶》

北洋畫報
天津法租界念六號路壹式肆甲號
電話南局式陸
YANG PICTORIAL NEWS. TIENTSIN
Saturday, February 18 1928
天津音樂學院
科目
招收男女學員
院長 何梅烈女士
（簡章函索即寄）
地址
中華郵政特准掛號認爲新聞紙類

▲《北洋画报》报头刊登的天津音乐学院的招生广告

◀北京畿辅大学游艺会中之歌舞

▲北京畿辅大学游艺会中之民乐队

畿辅大学，1924年9月10日创立，是以铁路科为主，兼及文、法、商科的私立大学。该校创始人兼首任校长为前清进士、汉粤川铁路督办关庚麟、学校董事会成员囊括了当时的一些社会名流，董事长是曾任北京政府国务总理的唐绍仪，副董事长有曾任国务总理的熊希龄和前交通总長叶恭绰。1926年8月，该校只保留铁路科，其他科停办。这时设有四年制大学部和三年制专门部。1927年东方大学和通才商业专门学校撤销并入本校。1928年国民政府军进驻北京。畿辅大学更名私立北平铁路大学。后又因国民政府不允单科大学存在，1933年又改名北平铁路学院。1937年北平沦陷后停办。

◀上海两江体育专门学校女生表演之舞蹈

（说明见南开中学）

▲南开大学军乐团

▲河北省立第一女子师范学校音乐系师生乐队合影

河北省立第一女子师范学校是近代最早建立的学校之一，于1906年6月创建北洋女师范学堂，创办人为袁世凯委派的天津女学事物总理傅增湘。北洋女师范学堂为“中国近代最早的女子师范学堂”。1912年春，北洋女师范学堂改名北洋女师范学校。1913年5月，北洋女师范学校改名直隶女子师范学校，1916年1月，改名直隶第一女子师范学校，1928年9月改名河北省立第一女子师范学校。1929年春由河北省第一女子师范学校改设（附师范、中学部）。1929年6月，经河北省政府议决：在第一女师内增设河北省立女子师范学院，1930年9月，院校合并，以学院为总校名。1937年，抗日战争爆发，学校西迁，加入西安临时大学（1937）后为西北联合大学教育学院（1938）。抗日战争胜利后，1946年学校回天津天纬路原址复校，仍称河北省立女子师范学校。1949年8月，河北省立女子师范学院改称河北师范学院（天津）。后来几经变迁发展为现在的河北师范大学。该学院的音乐系发展比较好，也很正规。

在后面的图片中还能看到，有的专业已达到专业水平。

▶ 北京女子学院音乐系小提琴毕业生（右二为汪颐年）

以下有关图片均为北平女子大学，其前身为北平高等女子师范音乐系。1928年8月经过院系调整后，改为国立北平大学女子文理学院，10月成立音乐系，杨仲子任系主任，主张中西并重。1929年成立了琵琶队、南胡队、丝竹合奏队等。该系经常举办音乐会，其演出活动誉满当时京城音乐界。同时还到各地演出，颇受欢迎。当时的《世界日报》《大公报》《益世报》均有大篇幅的报道。20世纪30年代对活跃北京的音乐生活起到很大的作用。1934年起，院长为鲁迅的挚友许寿裳。

▶ 青岛大学陈淑明和王月淑表演《双人舞》

▲青岛大学潘玉箫表演《单人舞》

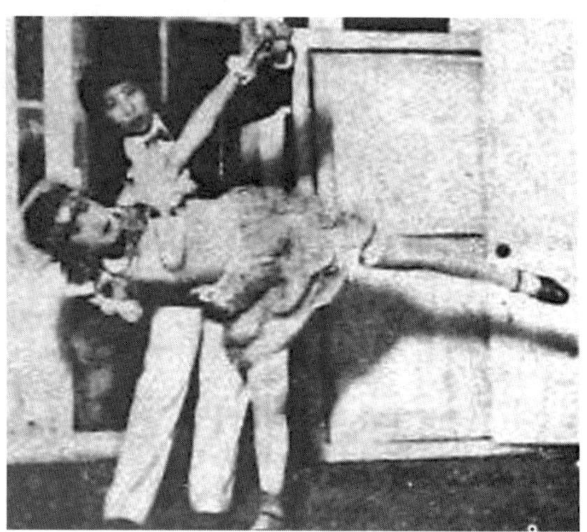

▲北京女师大新年庆祝会学生表演之《双人舞》

▲北京大学31周年纪念会女生表演之舞蹈

▲练习手风琴独奏之林鸣

▲天津市立音乐体育传习所师生

天津市立音乐体育传习所创办于1928年。邓庆澜接任天津特别市教育局长后创办。

◀天津市立音乐体育传习所女生练习舞蹈

◀天津市立音乐体育传习所男生练习小提琴

▲北京女子文理学院体育系表演歌舞剧《非洲旅行团》

◀北京女子文理学院体育系1931级表演歌剧《等于零》

▼南开大学1931年班表演歌舞剧《黑暗之夜》

▶ 沈阳冯庸大学校友会表演音乐演奏会

▶ 天津河北女师院艺术副系学生

▶ 上海东南女子体育学校表演之《土风舞》

▲北京美术学院音乐系学生练习声乐

▲见音乐家

金陵女子大学是中国第一所女子大学，创立于1913年。金女大办学中设置过16个四年级学科，包括中文、英语、历史、社会、音乐、体育、化学、生物、家政以及医学专科等，在国内外享有声誉。从1919年到1951年，毕业人数为999人，人称999朵玫瑰。前面几图为体育系的表演。

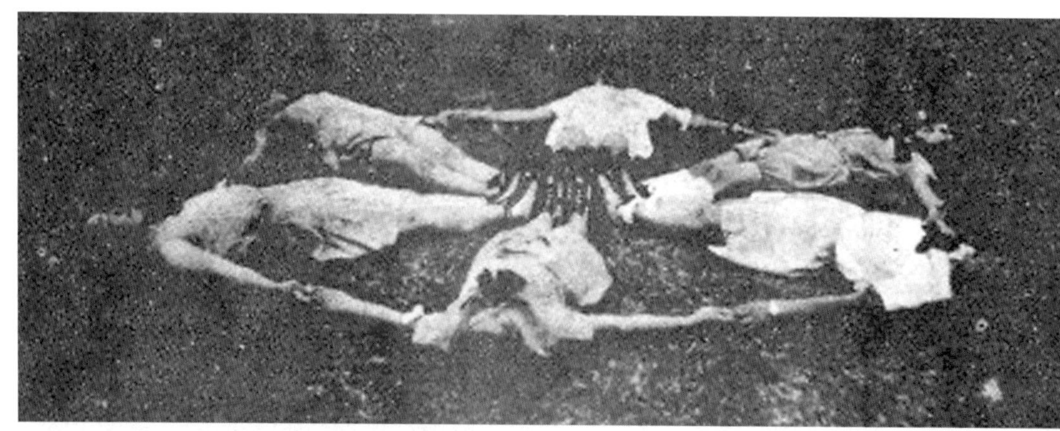

▲南京金陵女子大学体育系表演舞蹈《潘彼得的故事》

▲南京金陵女子大学举行舞蹈会表演之《波兰舞》

▶南京金陵女子大学体育系表演舞蹈《潘彼得的故事》

▲将在北京太和殿首次演出之燕京、清华、育英、贝满等校之联合歌咏团

▼北京联合歌咏团演出之引吭高歌

1935年5月12日，北京的几所名校联合合唱队，在故宫太和殿举办“北平市大中学联合歌咏团露天音乐会”，引吭高歌了传统歌曲和爱国歌曲，对抗日救亡歌咏运动产生积极影响。音乐会印发了5 000份节目单，到场观众有2 500余人。参加的有燕京大学、清华大学、育英女中、贝满女中等校600人，引起社会极大关注。据史料记载，音乐会开始时先由大会主席蔡元培致开幕词，意及希望将来音乐能推及民间，鼓荡民族精神，之后开始演唱。在这次歌咏大会上共演唱了八首中国歌曲和一首欧洲歌曲。全体合唱党歌、《天下为公》《中华先圣》《渔翁乐》和《锄头歌》，慕贞与汇文歌咏团演唱《五月光阴》与《春日景》，燕大歌咏团与清华歌咏团联合演唱英国古代情歌《在安静的夜晚》，最后全体合唱《维我中华》。

燕大歌咏团是20世纪30年代最活跃的歌咏团之一，曾组织100人的歌咏团到天津演出《弥赛亚》等合唱节目。《北洋画报》曾发表文章《燕大歌咏团来津演奏记》（1935-1211）虽然未介绍该团的情况，但其活跃程度可见一斑。

◀北京女子文理学院音乐系毕业生周碧贞和周英

▲北京女子文理学院音乐系四女学生乐器演奏:(右)石晓晖笛子,(中)姚兰舫与汪浩兰小提琴,(左)齐缀琵琶

▲南京金陵女子文理学院体育系表演舞剧《后羿射日》

▲南京金陵女子文理学院体育系表演舞剧《后羿射日》之女主角

▲简昭严小提琴独奏

▲留学日本的学生郑坤常

▲钢琴独奏之林鸣

▲南京国立音乐专科学校全体师生纪念新校舍落成

▲河北女师音乐系演奏会：（右上）胡叔英奏琵琶，（左上）裴淑云奏胡琴，（右下）女高音独唱胡季英，（左下）杨学坤奏小提琴

南京国立音乐专科学校的图片，发表于1935年第1336期的《北洋画报》。但是目前还查不到这所学校的情况。从图片上看有老一辈音乐家，也有外籍音乐家。后来这所学校也随南京的大学迁往重庆。1940年在重庆成立了南京国立音乐院。该校是否就是南京国立音乐院的前身，待考。

◀天津河北女师院音乐系全体

▲北京女青年会年会上北京财商女校之合唱

通州女子第六师范即原京兆女子师范学校，1915年建立。由河北涿县人尚伯良创建，他于1915年受京兆尹公署委派，来通州筹建京兆女子师范学校，为京东最早培养女师人才的学校。1928年取消京兆区，京兆女子师范学校奉命改为河北省立第六女子师范学校。

▲通州女子第六师范在北京师大礼堂举办演奏会全体

▲北京大学女子文理学院音乐系第40次演奏会之昆曲一年级学生

▲北京青年会手风琴指导林佩鸣

▲汉口市女生表演《航空舞》

▲参加绥远阵亡将士追悼会之北京作家协会和上海歌曲作家协会所献之挽歌（上），参加大会之太原师范学校学生（下）

▲北京艺专19周年纪念会表演之《单人舞》

◀北京艺专19周年纪念会表演之《胡拉舞》

◀北京国际儿童歌舞大会上美国学校学生合唱《从君窗前过》

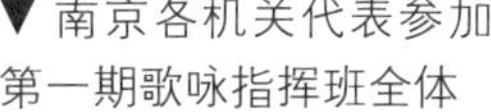

▼南京各机关代表参加第一期歌咏指挥班全体

本辑图片出处目录索引

上海东南女子体育学校表演之《土风舞》 1933-967
△上海美术音乐系学生王隶华 1933-1024
北京美术学院音乐系学生练习声乐 1934-1082
见音乐家 1934-1097
南京金陵女子大学举行舞蹈会表演之《波兰舞》 1934-1101
南京金陵女子大学体育系表演舞蹈《潘彼得的故事》 1934-1102
南京金陵女子大学体育系表演舞蹈《潘彼得的故事》之二 1934-1102
△上海国立音专夏承瑜 1935-1216
将在北京太和殿首次演出之燕京、清华、育英、贝满等校之联合歌咏团 1935-1242
北京联合歌咏团演出之引吭高歌 1935-1244
北京女子文理学院音乐系毕业生周碧贞和周英 1935-1246
北京女子文理学院音乐系四女学生乐器演奏：（右）石晓晖笛子，（中）姚兰舫与汪浩兰小提琴，（左）齐缀琵琶 1935-1246
简昭严小提琴独奏 1935-1252
南京金陵女子文理学院体育系表演舞剧《后羿射日》 1935-1253
南京金陵女子文理学院体育系表演舞剧《后羿射日》之女主角 1935-1253
留学日本的学生郑坤常 1935-1267
南京国立音乐专科学校全体师生纪念新校舍落成 1935-1336
钢琴独奏之林鸣 1935-1346
△南京中央大学儿童提琴训练班 1936-1373
河北女师音乐系演奏会：（右上）胡叔英奏琵琶，（左上）裴淑云奏胡琴，（右下）女高音独唱胡季英，（左下）杨学坤奏小提琴 1936-1391
天津河北女师院音乐系全体 1936-1391
通州女子第六师范在北京师大礼堂举办演奏会全体 1936-1412
北京女青年会年会上北京财商女校之合唱 1936-1417
北京青年会手风琴指导林佩鸣 1936-1419
北京大学女子文理学院音乐系第40次演奏会之昆曲一年级学生 1936-1489
参加绥远阵亡将士追悼会之北京作家协会和上海歌曲作家协会所献之挽歌（上） 1937-1532
△北京艺专19周年纪念会校长赵太鉡与夫人颁发奖章 1937-1543
北京艺专19周年纪念会表演之《单人舞》 1937-1544
北京艺专19周年纪念会表演之《胡拉舞》 1937-1544
北京国际儿童歌舞大会上美国学校学生合唱《从君窗前过》 1937-1566
南京各机关代表参加第一期歌咏指挥班全体 1937-1570
汉口市女生表演《航空舞》 1937-1935

北洋画报

图说乐·人·事

第三辑

“明　月”

明月歌舞团，是我国近代组建最早的专业歌舞演出团体，由黎锦晖创建。之前黎锦辉创办了我国最早的专门训练歌舞人才的教育机构——中华歌舞学校。可以说黎锦晖在音乐创作、音乐教育等诸多方面的成就都开历史先河。黎锦晖自己进行歌舞音乐创作，指导歌舞演出；培养了一大批歌舞演员。同时他的作品及时出版，成为学校音乐教育的教材。明月还组团在国内各地演出，并赴日本、南洋巡演。在20世纪20年代末到30年代中，明月对音乐界产生了极大的影响。此外黎锦晖还成为中国流行歌曲的“开山鼻祖”，创作了一批通俗歌曲作品，大都由明月首演，至今令人难忘。在《北洋画报》中留下很多明月的图片，有的演员照片还刊登在封面上。至于消息和报道也非常频繁，对研究明月也是有用的材料。为了更好地了解“明月”，本辑把相关的文章也一并附后。

▲ 明月歌舞团演员黎莉莉

黎莉莉（1915年6月2日—2005年8月7日），原名钱蓁蓁，其父钱壮飞是中国共产党地下党员。从小当过丫头，做过养女，学过京戏，进过孤儿院，童年生活极为不幸。1926年，在影片《燕山侠隐》中第一次扮演角色。1927年，她移居上海，父亲送她进黎锦晖主办的中华歌舞团学习歌舞，此团后改名为明月歌舞团。她随团曾到过南洋一带演出，由于她表演出色，与王人美、胡蝶被称为歌舞三杰。黎锦晖也十分喜爱她，认她为干女儿，改姓黎。1931年，黎莉莉随团转入联华影业公司，后歌舞团又更名为联华歌舞班，1932年解散。她进入联华影业公司成为基本演员。其代表作有《小玩意》《体育皇后》《大路》《狼山喋血记》等。1939年，她由重庆去了香港，参加了香港大地影业公司由蔡楚生导演的《孤岛天堂》的拍摄，这部影片公映后，极为轰动。1940年，她回到重庆，在“中制”主演了《塞上风云》，她在片中的表演获得好评。

1946年之后，黎莉莉赴美国生活过一段时间，她在大学的暑期学校进修台词、化妆等课程。有美国人找她拍戏，但一看是侮辱中国人的角色，黎莉莉毫无商量地拒绝了。以前孙瑜导演曾给黎莉莉讲过很多中国古诗，这时派上用场，她教美国华侨古诗，维持生活。

解放后作为北京电影制片厂演员，她在电影《智取华山》中出演配角，以后调任北京电影学院任教，就此淡出银幕。文革中丈夫罗静予不堪忍受无休止的批斗，在北京最冷的一个冬天，以自杀告别了世界和妻子黎莉莉。

1978年，黎莉莉已是63岁的老人，当国家终于摆脱噩梦，她也以黄昏之恋开始重新品尝幸福滋味。黎莉莉和与自己同年的著名画家艾中信再次步入婚姻。2005年8月7日，这一位从默片时代就成名的女星挥手作别人间。

▲明月歌舞团演员黎莉莉、王人美、赵晓镜、胡笳

◀明月歌舞团表演的四个精彩片段

▲明月歌舞团演员表演之《小小画眉鸟》

◀明月歌舞团演员薛玲仙表演之《月明之夜》

明月歌劇社來津表演專頁

THE SPECIAL PAGE FOR MING YEOH MUSKIVEREIN

秋來明月滿春和

月中消息

記重見明月

一片天真之王韵清女士

Miss Wang Yung Ching, a member of Ming Yeoh muskiverein.

引吭高歌之胡笳女士

Miss Hu Chieh, a member of the Ming Yeoh Muskiverein

明月歌劇社歌舞表演最精采之鏡幕

Scenes from the playings by Ming yeoh Muskiverein

「葡萄仙子」之一幕

A scene from "The Grape Fairy."

本報九月起恢復原價

本館寄售書籍目錄

▲1930年刊出之《明月专页》

▲明月歌舞团演员一片真心之王韵清

▲明月歌舞团演员薛玲仙表演之《月明之夜》

▲明月歌舞团表演之《葡萄仙子》

▲王人美与苏菲亚的舞姿

▲王人美演唱《剑锋之下》

▲明月歌舞剧社王人美和苏菲亚表演《双鹅舞》

▶ 明月歌剧社演员薛玲仙

下圖後排由右至左：黎景岳，張其琴，萬美雲，黎錦暉，張靜姝，王夢天（非社員），嚴折西。中排黎錦皇，王人美，蘇菲亞，黎莉莉，王韻琴，黎夫人（徐來），嚴夫人（薛玲仙），王保金，韓樹桂。前排胡笳，陳纖萱，婁雅琴，于淑雯，朱秀琴，王保筠，于秀雯。

▲ 明月歌剧社旅行沈阳演出时全体合影

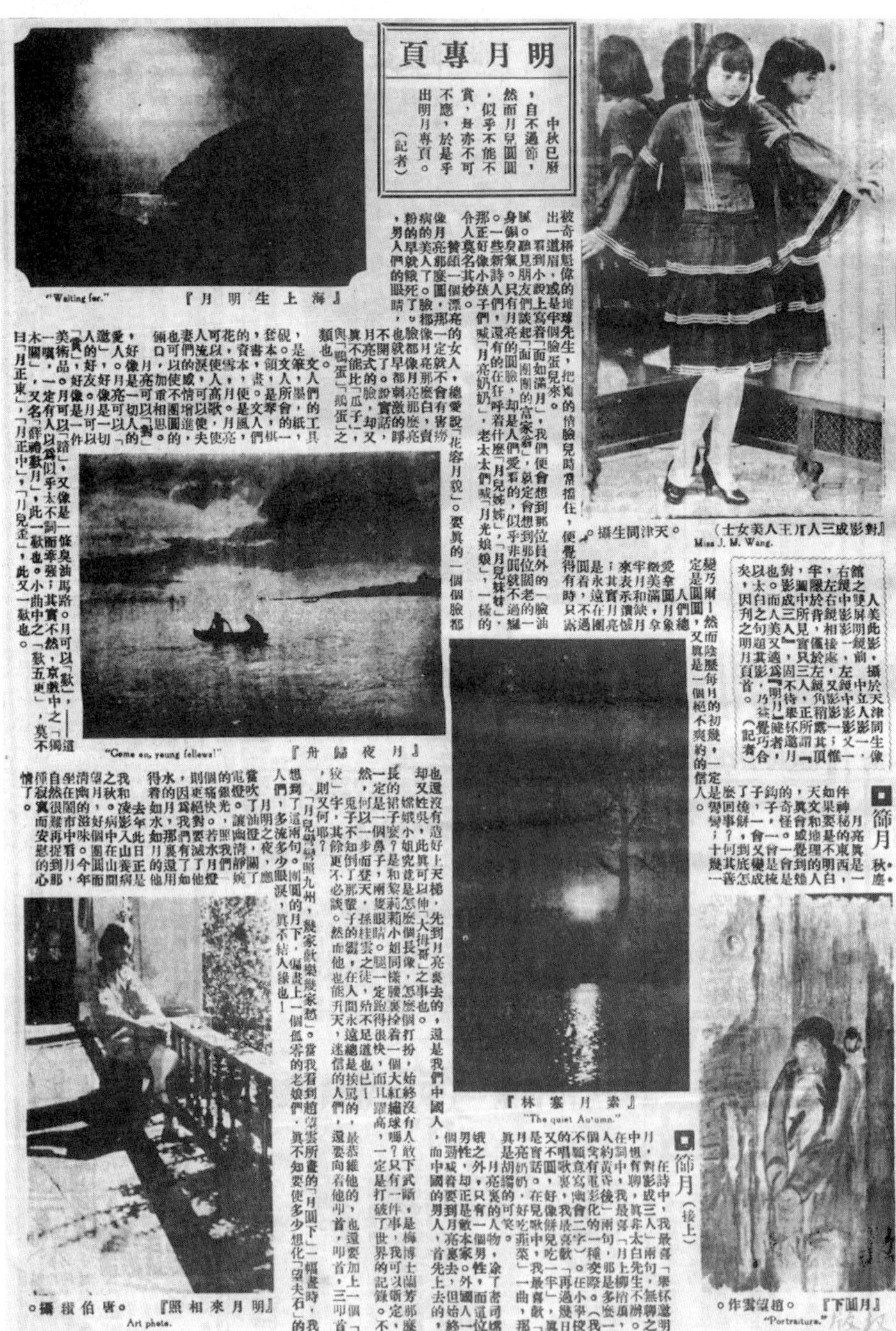

明月專頁

中秋已屆，自不過節，然而月兒圓圓，似乎不能不賞，吾亦不可不應，於是乎出明月專頁。（記者）

『海上生明月』
"Waiting for."

『月夜歸舟』
"Come on, young fellows!"

『素月寒林』
"The quiet Autumn."

『明月來相照』
Art photo.

『對影成三人』（王人美女士）
Miss J. M. Wang.
天津同生攝。

『月圓下』
"Portraiture."
趙望雲作。

篩月（接上）

篩月 秋塵

▲《北画》刊出之又一《明月专页》

▶ 明月歌剧社演员薛玲仙和黎莉莉表演《月明之夜》

▲ 黎家娘儿俩——左徐来、右黎莉莉

▲ 明月歌剧社演员王润琴

◀旅沈归来之明月歌剧社演员王人美

王人美(1909—1973),湖南浏阳人,生于长沙。1926年考入省立第一女子师范学校。1927年,王人美到黎锦晖创办的上海美美女校学习歌舞。黎锦晖亲自为她改名为王人美,将这女孩列入王家的"人"字辈,是要破一破女性不入家族辈分的旧习。在美美女校,王人美就跟着黎锦晖学习歌舞,王人美果然没辜负期望,成为上海著名的歌舞明星。同年王人美到上海加入中华歌舞团。1931年加入联华影业公司成为电影演员,明月歌舞剧社改组为联华歌舞班的当年,王人美在孙瑜编导的《野玫瑰》饰主角。该片公映,王人美一举成为明星。1935年入电通影片公司。所主演的《渔光曲》于1935年在苏联第一届国际电影节上获荣誉奖。1950年从香港回上海,在北京电影制片厂相继拍摄《两家春》《青春之歌》等影片。1977年加入中国共产党。任全国政协委员、中国电影家协会名誉理事。著有《我的成名与不幸》等。

明月在津第三次公演專頁

THE SPECIAL PAGE FOR MING YEOH MUSIKVEREIN.

明月略史

楊子林

明月歌劇社全體演員合影

Members of Ming Yueh Musikverein.

黎錦暉與其夫人徐來 厂名片寄。

Mr. and Mrs Li Chin-Huei.

黎莉莉 王人美 胡笳 之「三蝴蝶」

"Three Butterflies."

黎莉莉(左)王人美(右)之『月明之夜』

Miss Lily Li and Miss J. M. Wang in "The Night of Moon Light."

明月歌劇趣旨

(一)葡萄仙子 引起兒童們愛護生物的興趣。

(二)月明之夜 是一個啟示兒童們應從「迷信神權」進而「崇尚倫理」的故事。

(三)三蝴蝶 循着「喜」「樂」「怒」「哀」的情緒，發抒「友愛」「敬」「群」「堅忍」「奮鬥」的精神，以溫和的手段，與惡世人們奮鬥，結果是努力終可達「光明」之境。

(四)覺悟少年 是表現一對母女之愛，和一個男孩「善於自省」「勇於改過」的情操。

(五)春天的快樂 是啟示人們須用「勤勞辛苦」去抵抗憂愁，且從中可得到一切快樂與幸福。

(六)小小畫家 全篇以「愛惜兒童天才」為樞紐，並兼証「興趣教育」效能之偉大。

(七)最後的勝利 是抒寫「革命運動」時，施壓迫者之殘暴與被壓迫者的悲憤，以及民衆努力奮鬥的精神。

(八)百花仙子 是應用歌舞演述「人類進步的歷程」。

王人美胡笳王保今黎莉莉之『小小畫眉鳥』

A scene of "The Litte Thrush"

最後之勝利之一幕

A scene of "Triumph"

百花仙子之一幕

A scene of "The Fairy of Hundred Flowers"

本頁除厂名片外，均係天津同生美術部所寄，於該團廿四日抵津之夜所攝。

▲《北画》刊出之又一《明月专页》

◀明月演出之《最后之胜利》

▲明月歌剧社全体演员

◀黎莉莉、王人美、胡笳表演之《三蝴蝶》

◀王人美、胡笳、王保今和黎莉莉《小小画眉鸟》

▲黎莉莉和王人美表演的《月明之夜》

▼黎锦晖和夫人徐来

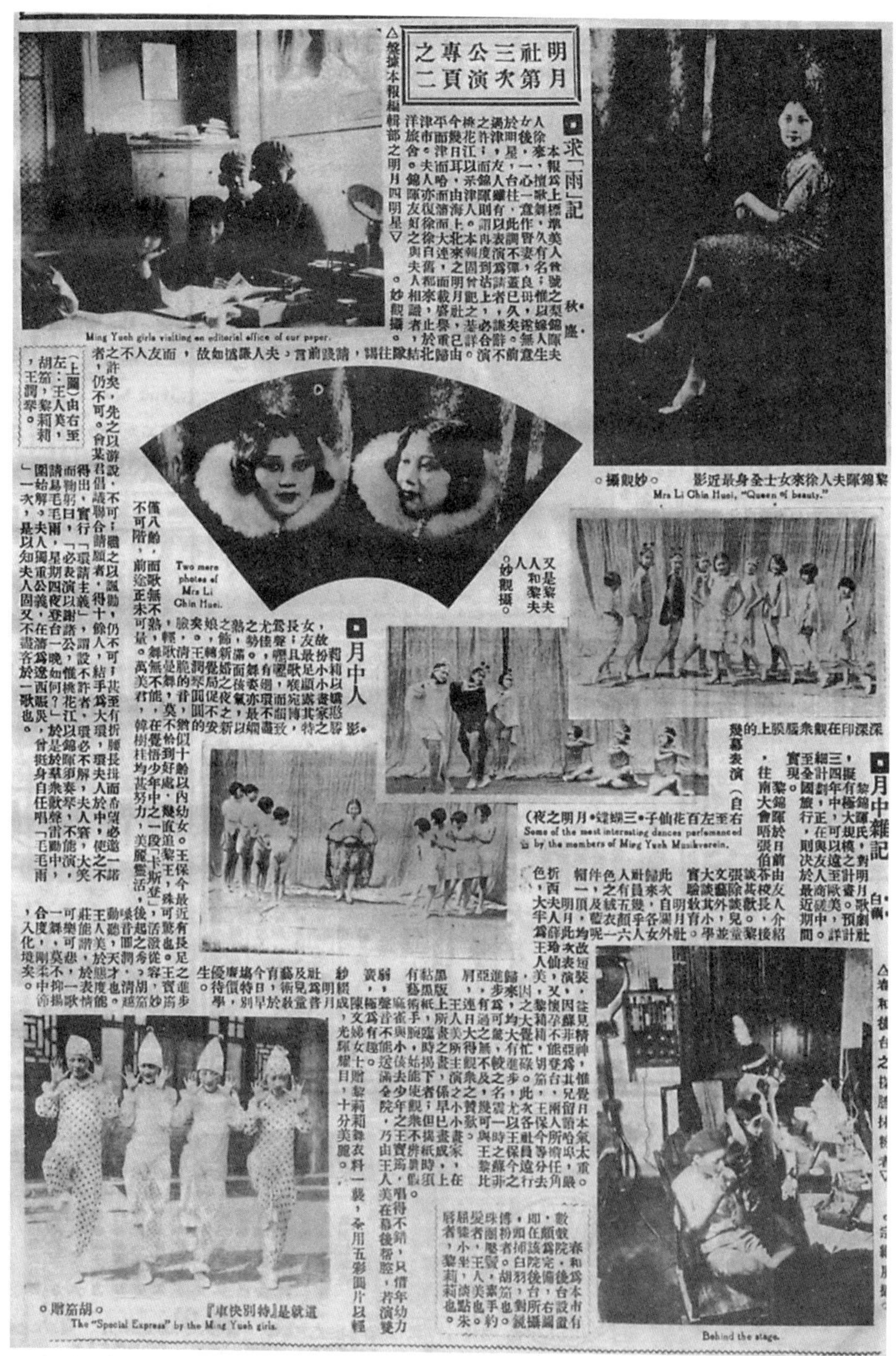

明月社第三次公演專頁之二

Ming Yueh girls visiting an editorial office of our paper.

Mrs Li Chin Huei, "Queen of beauty."

Two more photos of Mrs Li Chin Huei.

Some of the most interesting dances performed by the members of Ming Yueh Musikverein.

The "Special Express" by the Ming Yueh girls.

Behind the stage.

▲《北画》刊出之第四张《明月专页》

▶ 明月歌剧社演出之《特别快车》

▲ 四明星辞别《北画》

▲ 明月歌剧社演出《新婚之夜》：新娘薛玲仙、卖花女王人美和新郎谭光友

◀王人美、黎莉莉和胡笳表演《三蝴蝶》

▲明月歌剧社演员薛玲仙出版“话片”《英雄之歌》

◀“标准美人”徐来

▲徐来与影星朱秋痕、高逸安

▲“标准美人”徐来

▲徐来女士

徐来（1909—1973），出生于上海，原名小妹，又名洁凤，小时候家贫，13岁就进入闸北一家英商蛋厂打工。后来家境转好，她入学读书。在学校里，成绩一般，却喜欢上歌舞，她18岁时考入黎锦晖主办的中华歌舞专门学校。毕业后加入明月歌舞团，奔走于平津宁汉等大城市，曾随团到南洋一带演出，美貌与机灵仍吸引了许多观众。1933年，徐来在明星影业公司主演了影片《残春》，一炮走红。徐来于抗战前嫁给国民政府军委会中将参议唐生明。1940年，她和女助手张素贞（军统女特务）随同被秘密派往南京打入汪伪政权卧底并与收集情报的丈夫常住在南京和上海。她的丈夫幸运地等到了平反的那一天，1987年去世。

▲徐来（右）与秘书张素珍

▲即将在天津上演《路柳墙花》的徐来与其他演员

▲“标准美人”徐来之近影

▲徐来之便装照

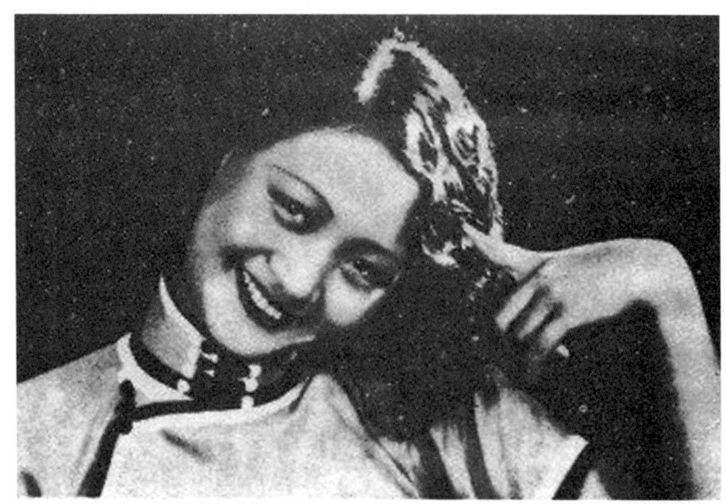

◀"标准美人"徐来之近影

◀《桃花太子》中黎莉莉等表演的舞姿

◀“标准美人”徐来之近影

▲歌舞明星王人美

有关“明月”的参考材料选

介明月歌舞团　秋盛

明月歌舞团自故都来，表演于本市皇宫春和两院，妙舞清歌，为所仅见。可贵者又初不在其歌之艳，舞之美，而在此种艺术教育之团体，为不多得也。

各曲歌辞谱，均黎锦晖氏手制。大半为儿童剧，剧中角色，不外以桃、李、蜂、莺，为象征。歌辞皆用国语，而唱来婉转动听，不呆板，不难听，不俗俚，歌者皆少女，美貌珠喉，清脆悦耳。童心、童音、童剧，三者美备，形成一至美之世界。

团中诸歌舞家似以黎莉莉、王人美、薛玲仙三女士，为尤娴熟。舞姿歌调，并臻化境。其余亦皆各有所长，以练习期间稍短，似觉稍逊。此次黎锦晖先生亦间来，惜乎黎氏纯居指导地位，未能聆其一歌一舞为可憾耳。

老友宗维赓君对记者言，参观明月歌舞团，应以看游艺会之眼光看，应以艺术之眼光看，却不应以普通看歌舞之看法看，诚为破的之论。今日为该团在春和表演最后之一日，津人倡导艺术教育者，当不失此机会也。（1930–474）

黎锦晖语录　秋盛

我国儿童歌舞剧创始者黎锦晖先生来自北平，居北洋饭店。记者往访，黎谈话如次：

“此次来津之歌舞部分（音乐部分为上海明月歌舞家旅行团），并无所谓团体的组织，不过在平时，有女学生数人，性喜歌舞，于每日课余，稍事练习，随便排演几段而已。”

“在平除受安琪儿童话报约请为之筹募基金以外，并未售票。只参加过几次学校的游艺会。此次来津，为车价旅费不亏，便以满足。”

“来津表演之意义，只在使天津人知道中国已经有了歌舞剧，希望大家都爱护着这初萌的嫩芽。”

“此次表演，不纯粹预备学生参观，所以参加了许多情爱的歌曲在里面，说到歌曲，爱情又实在占了一大部分的地位。”

“讲到歌，不能离开了爱；讲到舞，不能离开了四肢。有一个时间，我也很想把舞者的衣袖作长些；但那失了舞的美，和舞的意义。终于袖子是露出了全臂，裙还是和腰部相齐，这正和不能因噎废食一样。”

“有许多日本人很注意这次的表演，他们都还表示着敬意。华北明星报记者对于中西合奏的音乐很感觉到兴味。来的朋友们，音乐比歌舞确有些把握。”

“天津的观众，从比较上虽然不如北平到得踊跃，然而大家安静的秩序，却格外令人满意。对于歌舞团体的永久计划，还不曾计划到。”

黎衣深灰色衣西服，态度安详，珈象牙裂纸烟嘴，烟缕缕自口出。操极流利之国语，确有学者态度。而谦抑逾恒，尤难能也。（1930–474）

送 明 月　凌影

明月歌舞团来津表演凡六日，皇宫春和各半；春和原定演二日，而第二日上座特佳，故又留续演一天。此次表演颇博观众好评，盖儿童天性，活泼天真，该团表演，确能充分的自然的泄露于歌声舞影间。综观各种歌舞，博得掌声最多者为《可怜的秋香》，剧旨悲婉，表演细腻，《桃花江》《小小画家》，处处滑稽，儿童观之，当最感兴趣，《快乐的春天》，音乐轻宛，舞姿翩翩，尤以开幕时黎莉莉之一段引子，以极清脆极流利之国语出之，抑扬顿挫，每段以短歌舞为殿，补以音乐，尤为美妙。他如赵晓镜诸女士之《三蝴蝶》，王人美女士之《卖花调》，黎莉莉女士之《小妹妹的心》，莫不脍炙人口。闻皇后戏院本拟留演数日，黎先生以该团多各小学生，不便多荒课业，婉言却之。前往辽宁演奏，吾知沈垣爱好艺术者，当即日以欢迎之也。（1930–475）

明月歌舞于开明　秋庆

自明月歌舞团北上，曾露演于北津两地。平人对之，看看而已。以平地各校，数年前便已大兴其《葡萄仙子》《月明之夜》，各爱美之艺术团体，亦复视歌舞为平常，又因该团只参加了几次游艺会，为安琪儿募过一次基金，并未正式公演，故社会间对之，无所臧否。而一到天津，各报乃对之大感兴趣。加以批评。仁者见仁，智者见智，原不能强同，亦无可诧怪者也。

就事论事，中国歌舞之萌芽，不能不承认生自明月歌舞团。中国新兴歌舞之创造者，不能不属诸黎锦晖。其结果之成功与否，为另一个问题；而其努力于一种事业心之决心，似又未可厚非，一事之成，胥赖群力，矫其不正而使之正则可，嫉人之成功而思毁减事业之本身，则不可也。

人之责明月歌舞团也，曰：“辞句近于浮荡，而姿势失诸轻佻”是或偶有之；然而固又未尽浮荡轻佻也。如:《可怜的秋香》，是写人生悲哀也。如《春天的快乐》，是歌颂自然之伟大也。如《月明之夜》，如《葡萄仙子》，是皆极合儿童心理之作也。即以情歌论之，如:《爱的花》，本含爱惜青春之意。如《峨眉山》，不过离妇悲楚之辞。如《我怎么舍得你》，题目固香艳柔媚已极，而内含则劝夫从军之曲，何尝不委婉而悲壮？如《桃花江》，至多亦不过是男女相爱，发乎至情之歌而已。不能以《妹妹我爱你》，便掩其所有之长也，自有《诗经》，便未尝离过恋爱。自有《楚辞》，便有所谓"美人香草"。温李之诗，"香奁"之体，以及于王实甫之《西厢记》，洪昇之《长生殿》，只须翻开一本有音韵之文学，无处不是言情。言之不足，歌以永之，由来有自，是讵可以罪歌舞团耶。

若夫个人行为，纵有时近于浪漫，组织方法，或有时苦于未周，是则仅枝节问题，与歌舞之本身无涉，又不可不知者也。人有嗤明月歌舞团不应糅合中西乐器者，庸知中国今日之乐器，已尽非中国之所固有耶？有以采取小调加以改良为浅薄者，庸知所谓"采风"与夫"民间文学"云云，非皆以山歌野调为珍宝耶？有以少女吟情妆为隐忧者，在卫道的立场上论，诚有立足之理由；而在文学上论，则文学有文学之立场，又不能与卫道论并论也。

明月歌舞团，非无可评议之出；第评议之者，应从建设方面着想，庶歌舞艺术，得以渐次茁长。若仅出之以讽刺，则失批评之本意矣。顷该团于前昨两日复出舞于北平之开明戏院，团中人曾自谓将力矫其短，而用其所长，

不识绣幕开后，果有异于前日，而飨观众之意者否？（1930–513）

庚午七夕后二日观明月歌舞于春和偶成四绝写奉

秋尘兄一粲（君武）

能开风气复为师，群道黎家制作奇。
弦意箢声宗雅正，独教明月有深知。

（明月音乐会为黎锦晖君所创，以中西乐合奏，颇多新声。论者称为艺术界之异军，非过誉也。）

毛雨清歌博众欢，忧愁遥想自漫漫。
天真流露无人识，艺事从来索解难。

（黎莉莉女士美才丽质，时于歌舞中见真性情，一般社会独赏其歌《毛毛雨》，并真知莉莉者也。）

惊鸿一舞影蹁跹，舒黛过波剧自怜。
更向画眉人一笑，阿侬有福傲神仙。

（薛玲仙女士舞姿绝美，为同社音乐组严折西君之夫人。薛舞时，观个郎奏欧式之箢于台下，辄向之一笑）

珍重云英未字身，谁知浅笑是深颦。
曼歌一曲生查子，多少台前陨涕人。

（王人美《我怎么舍得你》，曲首尾为朱淑贞之《生查子》词，宛转歌来，凄艳欲绝）（1930–520）

秋来明月满春和 秋盛

黎锦晖氏所领导的歌舞团体，于西风初动时，再度来津。该团体本位上海明月音乐会之旅行团，“歌舞团”一名辞，在黎氏认为原系一种临时性质。此次来津，由津将赴大连，转之沈阳。而此“旅行团”上之“明月音乐会”，乃正式改为“明月歌剧社”，以歌舞社名义第一次也。

半月前后团中有人来书，尤谓过津时，并不表演，言之声声。最近以春和经现高士奇君之再四敦促，情不由已，始又改变计划，留津四日，预订明日（五日）搭轮车行矣。

该社此次表演，增加新节目，至十余种之多。尤佳者如《月明之夜》，歌人间之爱也。如《最后之胜利》，歌革命之勇进也。如《新婚之夜》歌生活之美满也。幽婉悲壮，徘徊激昂，各极其妙。含义不同，情趣自异，较之前此来津，半歌情爱，稍失偏于军一方面者，大有进境；而《妹妹我爱你》《一身都是爱》之辞句间稍持商酌者，均在不取之列，是自可杜非议者之口，而使观众能得到多方面之兴感，明月歌舞社是诚不能仅以所谓“靡靡之音”视之也。

锦晖事忙而多病，至记者属稿时，犹卧病平市，未能赶来。各新节目均系由其弟景光代为之排练者，春和院中音乐台前中坐奏琴者，即景光也。总司社中事务者，则为黎景岳氏，亦锦晖之弟也。新进人才，又添得苏菲亚、张静姝等数人，技艺亦均可观。惟名动一时之赵晓镜，忽不见其人，为可憾耳。（1930-520）

记重见明月 凌影

明月歌剧社再度来津，公演于春和大戏院，曾经上次各报揽粹以后，早已引起本市士媛之注意，复以经理高君之布置得方，上座极佳，该社尊重舆论，故选材方面益为审慎，吾人认为稍涉轻亵者，均摒而不演。

一日夜曾往观，节目紧凑，时间经济，赏鉴之心方浓，而紫幕已闭，使人留有余不尽之意，较大戏中许多垫戏，坐到腰酸发倦者，自大不同，似正不必以多位贵也。

王人美女士《我怎么舍得你》一歌，命意深刻，遣词悲壮，而歌来凄凉幽婉，如见金戈铁马，戎装按剑，忍别闺人，弹泪就道，效命疆场，视死如归之古斯巴达勇士。偶常论中国女子，柔婉有余，勇武不足，悲哀辄擅战场，激昂略显逊色，所谓无丈夫气也，聆女士之歌或有闻声兴起者乎？《最后之胜利》一剧，以极热烈之方法表现革命情绪，一洗靡靡之音而呈勇毅之象，则尤可喜也。

演员中之舞姿，当推薛玲仙女士，轻柔婉约，出之于不经意间，一举一动悉入化境，表情深刻，宜神宜喜，而黎莉莉以活泼取胜，苏菲亚以静婉见长，信所谓“四美俱”矣。（1930-520）

黎锦晖夫人徐来　　妙观

黎锦晖君作明月歌剧社先锋，行抵沈垣之日，与友人盛道其夫人徐来女士曲线美，美甲天下，渠乃抽彩而得之者。已电约女士来沈，供友辈鉴赏。吾辈“审”（不敢用“爱”字）美之家闻之，不胜艳羡之至。比徐女士抵沈。友人设筵宴请黎氏夫妇，一见之下，始信黎氏之言不我欺，因为上一徽号，称曰“标准美人”，讵此徽号，不胫而走，兹已遍传沈垣矣。记者当请二人合影，黎氏谦逊不遑，然而二人之影终于拍得，亟为刊出如左。

锦晖伉俪过津东行，有友人深夜宴之于北安利，尽酒十斗，沉沉醉矣，上天下地，信口所之，黎忽指其夫人告诸友人曰：“此余家之三代也，病而抚我，无微不至，是余之慈母。忧而慰我，曲极缠绵，是余之娇妻。言必听我，计必依我，时涕时笑，一片天真，是余之爱女。”夫人睨之，微笑不语。

黎又言徐为第一团（黎办歌舞团，已有五团，今日之歌剧社，即第五团也。）中坚分子，最善《桃花江》一曲，黎常与之合演，一张手一举足，皆有法度，以尺量，可不爽毫厘云。

徐今夏举一女，名鸣凤，黎谓是名之起，由于某日逛天桥，见“海报”上有歌者名鸣凤，因归名其女，盖黎曾自谓将另创民众之歌剧，不愿永远使其著作，只通行于幼稚园小学间也。鸣凤来日长大，当使登天桥之台，以娱民众。前此徐来之不能与黎同时莅津，次日始徐徐来者，即以鸣凤须人照料，徐不能兼为锦晖鸣凤之慈母，不能不捨“夫子”而就爱女，此次又复东行出关，殆锦晖不免于思亲（作亲爱的解），而徐来终不能不徐徐去以慰之数，不知鸣凤亦同往否，鸣凤不往，锦晖固曾以爱女目其夫人矣，第恐夫人又不能不怀念于“爱女之爱女”耳。

徐来不能酒，黎则盛称之为海量，客劝进双盏，而已深红若夏晚飞霞，头且晕矣，酒之足以愈增其美，则确为事实。黎行后半月，吾友白头仍盛称锦晖艳福不浅，艳福不浅，殆非虚语。至笔公献以“标准美人”之号，从此美名当益满天下矣。

此次明月社过津，黎以病后至，黎未来时，有人询莉莉：“尊大人何姗姗？”莉莉曰：“还不是为了我的美妈。”“妈”而冠以“美”，亦创闻也已。30年9月19日（1930–531）

赵晓镜停歌能舞　　蜀云

明月歌剧社演员，率皆中小学学生；惟赵晓镜女士读于北平大学俄文法学院，为该团唯一之大学生。其长兄在哈，服务交通界，素不赞同其以舞辍学；其尤一兄在清华，则力主学宜求性之所近，故赵此次东行，清华之兄与偕往焉。赵以将赴哈，恐为长兄见而阻其所好，乃更名苏菲亚，苏菲亚原为赵之俄文名，事实上并未更易，人之认为苏其姓而菲亚其名者，误矣。

本月一日，明月社果抵哈演奏。而此密斯苏菲亚赵，亦果为其兄所见，不深识晓镜者固可误认为菲亚；而晓镜之兄，固不能以一名之更易便不识其妹也。一见之后，力申不可不力学之理由，终留之哈，不使随团体行，即于哈地位择校使入学焉。从此明月社中四大明星（四大明星者：薛、黎、王、赵也。），顿失其一，自为该社不幸事件之一；但以晓镜女士之听聪颖，转而力求其俄文之深造，则将来之成就，固又不仅歌喉舞姿之足以惊人矣。（1930–536）

明月略史　杨子林

民十六，黎锦晖创中华歌舞学校，志在想由儿童的进展为成人的歌舞，颇使将已流行各剧，研究应如何表演教学的方法，使教育界人士随时给以忠实的商榷。于十七年组成第一届歌舞团，在沪声誉颇隆。同年组成第二届歌舞团，旅行苏杭各埠。嗣又成第三届歌舞团，游艺宁波、南通等处。至十八年夏季，征选前三节团中之高材生，组成中华歌舞团，远游粤港及南洋各属，大受欢迎！尤以宣罗侨众，赞许极多，近来又感到“歌舞是最民众化的艺术，在其本质上绝不是供特殊阶级享乐的。必须通俗，才能普及之必要”，因又组织第五届歌舞团，于是明月歌舞社乃应时而生，流行华北，一再在平津公演，其成绩已为人所共见，最近又冬出榆关，在大连表演七日，舆论极佳，日本文艺界邀往东京大阪各都会公演，已约明春启程。至沈阳表演四日，深为观众嘉许，第五日为辽水雨灾义务表演，观众更多。再次留长春演一日，座位之满。继至哈尔滨，成精亦佳。回沈，复被当地人士挽留，前日后回津。本市春和戏院特留演数日，三日不见，刮目相待，嗜歌舞者，似不能错失此赏鉴之机会也。（1930–543）

明月歌剧趣旨

（一）《葡萄仙子》引起儿童爱护生物的兴趣。

（二）《月明之夜》是一个启示儿童从“迷信神像”进而“崇尚伦理”的故事。

（三）《三蝴蝶》循着“喜怒哀乐”的情感，发出三只蝴蝶“敬友”“爱群”“坚忍”、奋斗的德行与精神；末了衬以温和的太阳一段，是寓意世人们努力奋斗的结果，终可达“光明之境”。

（四）《觉悟少年》是表现一对母女之爱，和一个男孩“善于自省”“勇于改过”的情操。

（五）《春天的快乐》是启示人们须用“勤劳辛苦”去抵抗忧愁，且从中可得到一切快乐与幸福。

（六）《小小画家》全篇以“爱惜儿童天才”为枢纽，并兼证“兴趣教育”效能之伟大。

（七）《最后的胜利》是抒写“革命运动”时施压迫者之残暴与被压迫者的悲愤，以及民众努力奋斗的精神。

（八）《百花仙子》是应用歌舞演述人类进步的历程。（1930–543）

求“雨”记　　秋盛

本报为上“标准美人”尊号之黎锦晖夫人徐来，擅歌舞，久有名；惟以嫁人生女后，一心一意作贤妻，良母，遂无意于明星，台柱，此调不弹盖已久矣。前过津，友人虽有以表演为请者，谦辞不之许；而锦晖则谓在读到沽上，必合演《桃花江》以示津人。本报固曾记之甚详。今几日耳，由上海北来之明月社，已由平而津而哈而沈而大连，而载盛誉重归津市。夫人亦复徐徐自旧都来，止于北洋旅舍。锦晖友好之与夫人相识者结队前往偈，请践前言，夫人谦为如故，而友人不之许矣，先之以游说，不可；继之以讽劝，仍不可；甚至有折腰长揖而希望必邀一诺者，仍不可。会某君倡议联合请愿者，得十余人，结成为大环，环夫人于中，使之不得出，实行“环请主义”，谓设不许者，环必不解，夫人窘，大笑而鞠躬曰，“必表演以谢诸公，惟《桃花江》以锦晖须奏琴，不能演，请易《毛毛雨》，星期四夜登台一晚如何？”于是于群众歌声雷动中，团始解，夫人独重公义，在沈为辽西赈灾，曾挺身自任唱“毛毛雨”一次，是以知夫人固又不尽吝于一歌也。（1930–544）

月　中　人　　影

莉莉以娇憨胜，故扮《小小画家》之女友最足显露其特长；且歌喉婉转，莺声嘤嘤，而韵致尤佳，有回环不画之势。舞姿亦最娴熟，满面孩气，以之饰新婚之夜之新娘，转觉局促不安矣。王润琴圆圆的脸，清脆的音，犹似十龄以内幼女。王保今最近有长足之进步，轻歌曼舞，莫不恰到好处，几直追黎王，殊可惊也。王宝筠仅八龄，而歌无不熟，舞无不能，在《觉悟少年》之一段“卡斯登”，活泼从容，妙不可阶，前途正未可量。万美君，韩树桂均甚努力，魅力灵活，后起之秀。胡笳嗓音圆润，清越动听，天才也。王人美于态度能庄能谐。于表情可乐可悲，一歌一舞，莫不抑扬合度，刚柔中节，入化境矣。（1930–544）

黎明晖女士访问记　　无聊

数年前名满中国之小妹妹黎明晖女士，迄今息声匿影者已近两载。最近来平，记者得宗推赓兄之介绍，于十五晚八时，得晤之于黎锦晖先生私宅。同往者尚有蒋君汉澄。当我等人克室时。室内琴韵歌声，洋洋盈耳；明月歌舞团之男女团员，拥挤殆满。宗君先生介绍黎夫人徐来女士曰，此“标准美人”也。徐女士时坐壁炉前，因即款予就坐，而报宗君以“谢谢你的介绍”一语；盖嗔其以诨号相称也。询明晖女士，知方入浴，余因留于客室聆明月团员练习。宗君乘间遂为介绍王人美、黎莉莉、胡笳、薛玲仙诸女士，及严折西君等。皆着便装，盖自棲凰楼校中来此练习也。而莉莉则以家居之故，且着拖鞋。余久闻薛玲仙女士以孕不能登台，是晚见之，果然系将临盆之像。其二岁之大宝宝小玲亦已同来啼听伊父乃母之演奏。于此环境中，小玲为将来歌舞明星当可预卜。在歌声里，诸女士且练习交际舞。黎莉莉着拖鞋而领人跳华尔兹，鞋时欲落；王人美则被某君所领，而大显其好身手。正叫嚣中，明晖女士已偕徐来女士入。自称即将外出，但可与记者小谈。时记者同旁室中圆桌而坐，以流利之北平语答记者之询问。时室中人美等歌声正高。相对而谈，犹苦不能尽闻，余自任记者以来，感此痛苦，尚属初次也。明晖女士是晚御黑丝质旗袍，铅华不施，淡雅宜人。举动仍存天真气概，惟面貌似已较清雅耳。综合伊所答余之询问，可连成以下之叙述。此次来平，乃旧地重游。因八年前伊固孔德学校之一学生也。宗君惟赓当时亦在孔德，故谈至此时女士曾戏称宗君惟老同学。至此次来北平之目的，纯系探视乃父锦晖，决不表演。不表演之理由，据称系久不练习已全生疏之故。女士已与郑君国有订婚。郑君为南洋华侨，故过去二年间女士多滞留南洋一代，计星加坡（新加坡）七八月，香港一年，此次及系由香港而来者。上月廿七日，动身过沪时，留一星期，但与沪上影星诸人，则迄未一晤，其后即北来矣。对于北平之感想，女士以为大有进步。因前女士在平时，尚无电车，更无舞场等场所。北平舞场，女士已去过北京饭店与中央饭店等处，据其观察，以为风气较沪上者殊为高尚。因女士固相信北平一切皆较海上为高尚者也，对于南洋之批评，伊以为终年温暖，久居嫌无趣味。香港，女士认为尚可。彼明年下半年，即将与郑国有君在该地结婚。婚后小留南洋，即将做环游世界之蜜月旅行焉。女士对过去主演各影片，最得意者为《小厂主》，近两年颇喜读张资平、沈从文之创作，此番在平度岁后当即南返，不久留也。（1930-567）

明月一变至于联华　白藕

沪上归客谈：明月歌舞团团员之一部，既陆续抵沪，因经费问题不能维持，此团体虽并其名而不存矣。黎锦晖氏，自谓将从事著作，全部人员，已划归联华公司演有声影片，而将来有声片中，则仍穿插黎氏所编之种种歌舞。伺候黎与原来各团员之关系，则团员借黎之著作以表演，黎则借各团员之表演以为实验，如是而已。各团员在联华，月有定薪，黎则于表演映其著作时，抽若干之版税。现联华之歌舞一部分，名为联华歌舞团，主其事者，仍为黎之七弟景光，一切如旧。团中台柱，亦仍是黎莉莉、王人美、胡笳、薛玲仙四星，王宝今、王润琴，联华本曾坚约南下，惟均未成事实耳。最近该团计划，将赴首都表演，此次备有布景，较前此考究，现在正绘画画片，执笔者，为薛玲仙之夫严折西，与叶摄影记者兼图画教员而不为之宗维赓君。黎锦晖个人现居逆旅中，时患贫，纵酒如故。其妻徐来，携幼女鸣凤与俱，未加入联华，作“声容并茂”之明星也。（1931–624）

王人美主演“野玫瑰”　白藕

王人美女士，善歌，为明月音乐会之冠，既转入联华，努力如故。其上镜头之第一次，为《银汉双星》中之一段歌舞，仍是老调儿《三蝴蝶》，固不足显其长也。近已主演一片，名《野玫瑰》，饰一乡间女子，自能称识，此为明月份子加入联华主演影片之始，新年后即可开映。王向以演儿童歌舞剧名，《小小画家》，尤为独步一时，以其素养之深，则表现于银幕之成绩，固又丐以预卜者也，年来有声片时行，如完成一整个的明星，至少须具备流利之国语，宛转之歌喉两大条件，非仅能一慽一颦者所可为力，王擅纯正之国语，悠扬之曲调，在过去诸影星中，盖无能与之比肩。

王除致力银幕事业外，近又歌成爱国歌曲多种，灌为话片，传诸远方，如《战地之花》《嫁给勇士罢》《自杀尚未成功》诸曲以奋发之词，托悲壮之音，动激发之念，其足以感人，自又与《桃花江》《可怜的秋香》，不同其趣味矣。（1931–667）

黎锦晖先生请客曲　小隐

再来沪上，宾客鲜通。锦晖兄闻我之来，驱车见过，谈极畅。翌日以书来，有曲一阕。于是乎我之五丽神，香火大盛矣。录如次：

【明宵】略具盛肴，沽来夷酿，掬诚意相邀。座无俗憎，陪侍有多娇。曩日良朋，旧时桃李，饮何妨肆，谈不嫌豪。村居喜静（光明村），游蛮岛且近喧嚣（胶州路也）。高歌如长啸，笙管任嗷嘈，即便酒阑人散，别恼，梦中不免狂笑。

另外还有一首诗：（注是我加的）玫瑰今朝返（谓野玫瑰王人美，新自南京回来），胡笳奏凯声；女甜欣劝酒（谓甜姐儿莉莉），妻美谢题名（谓“标准美人”徐来女士，若说到题名，则笔公为首功焉。小子不过附议）。雅客飞车迓，嘉宾倒屣迎。鲤鱼如问道，村舍向光明（并附注云：用部颁标准国语韵，此公固无时或忘国语运动也）。（1933–1022）

本辑图片出处目录

“标准美人”徐来之近影	1935-1204
“标准美人”徐来之近影	1935-1207
△明月歌舞社黎明晖表演《桃花太子》	1936-1385
《桃花太子》中黎莉莉等表演的舞姿	1936-1385

北洋画报

图说乐·人·事

第四辑

音乐歌舞表演

音乐歌舞表演在20世纪30年代是非常兴盛的。由于“明月”的成功，激发了更多的音乐、歌舞界人士涉足其中。加之《北洋画报》在这方面的宣传、鼓吹，使专业团体真如雨后春笋般地发展。在《北洋画报》上发表的图片就有近二十个歌舞团的演出。相对于纯音乐的团体，歌舞演出更能吸引市民阶层。把歌舞演出作为音乐的一种形式，是因为歌舞表演必然有音乐和歌唱，甚至可以说音乐是歌舞的灵魂。包括“明月”。这里主要的是指商业性的歌舞演出。《北洋画报》发表的歌舞图片非常多，其中还有国外的著名团体的演出。

◀游戏音乐队之组织

留德学生四人，居德时曾合组一西乐队，此为其化妆摄影。记者以为此种游戏组织，于青年人之娱乐，最为得法，而且合宜，应与跳舞同在提倡之列。（记者）

◀梵天阁舞蹈团表演的《埃及舞》

▲梵天阁舞蹈团表演的《莎林舞》

▲上海文学歌舞社社员左惠芬

▶ 北京国立艺术院丁香社《荷花仙子》扮演者蒯彦范

▲ 北京国立艺术院丁香社表演《春天的快乐》

▲同咏社陈文娣女士

▲北京丁香社社员表演《小燕子》

▲北京丁香社社员表演《蝴蝶仙子》

▲北京丁香社社员表演《蝶与燕》

▲明星表演的《胡拉拉舞》

▲影星王汉伦表演《西班牙舞》

▲俄罗斯舞蹈团演员表演一斑

▲俄罗斯舞蹈团演员的表演

▲俄罗斯舞蹈团演员表演之舞技

▲旅欧之女星表演的舞姿

▲北京艺社女社员之舞姿

▲日本舞蹈家之舞姿

曦社底女社员李丽莲女士

一木

这是一件很荣耀的事，来介绍曦社的女王。

她是热情的南国姑娘；她是诗一样的幽丽，水一样的恬静，梦一样的温柔，百合花一样的美。她有着超绝的艺术天才；不但对于近代西洋剧有独到的理论和技巧的修养，就是对于中国的古乐曲也有极深的造诣。

在她的天真的外表里面，还有着一颗善感多情的柔心，而在她纯洁的灵魂深处也是蕴蓄着无限凄切的乡愁。她常在那绯艳的暮霞中，哀凉的寒夜里，翘首目送飞云，怅望她故乡的天野。还记得曦社在上海公演《王昭君》的时候，在第三幕第一场上，那荒漠的塞外风光，那黄昏饮马傍交河的情景，她饰从中原送到塞北的王昭君，歌罢一曲哀怨的《昭君怨》后，她眼已经红了，再唱到"夷地凄风，吹去汉土无踪，只剩下胡弓瘦马……凄凉客梦，绕逼旧时九重。"她真的流泪了。啊！她真是一个"现代的王昭君"！以她这样珍贵的感情，真洁的眼泪，在舞台上面表演出剧中的凄怨，是可以给我们以灵魂的欢喜的啊！

现在她和社中几中坚分子北来观光，不久将与北方民众，在舞台相见，让我们来期待着吧！

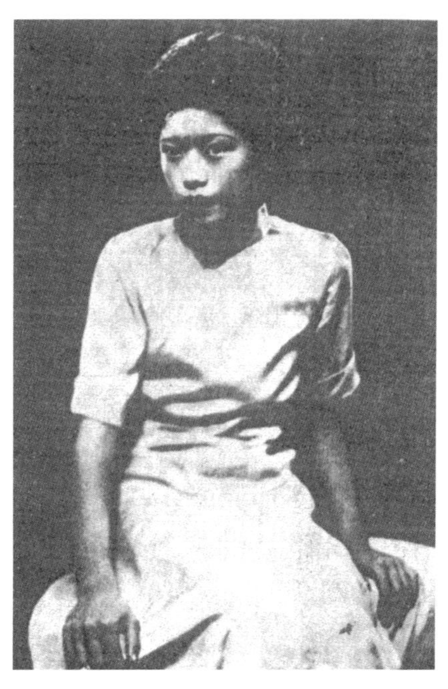

▲上海曦社女主角李丽莲女士（封面）

▲李丽莲女士便装像

李丽莲（1914？—1965.4）原是演员。1931年，17岁的上海姑娘李丽莲进入"天一"影片公司任演员，在影片《上海小姐韩绣雯》中扮演角色。1937年扮演了影片《社会之花》中的张曼以及《梦里乾坤》中的赵女士等角色。同年底与几个

▲梅花歌舞团表演之《国花舞》

青年学生从上海来到延安。在一场歌舞晚会上，李丽莲演唱陕北民歌《赶牲灵》，悠扬婉转的歌声让李德如痴如醉。李德（1900—1974）是共产国际派往延安的军事顾问，奥地利人。李德即向李丽莲求婚，经中央组织部陈云批准结为夫妻。1939年8月28日李德奉命回苏联，从此他们便天各一方。1939年李丽莲在延安担任鲁迅艺术学院音乐系助教，曾参加延安文艺座谈会。建国后任全国妇联儿童工作部和对外联络部部长，主要从事统一战线工作和妇女儿童事业，1965年4月病逝于北京。

▲梅花歌舞团之三舞星

▲梅花歌舞团之舞蹈《七情》

▲梅花歌舞团《乳燕试羽》舞姿之八

▲梅花歌舞团《盘马弯弓》舞姿之九

◀梅花歌舞团《弱柳迎风》舞姿之十

▲梅花歌舞团《羽衣蹁跹》的舞姿

▲天津夏氏钢琴演奏会之三图

▲天津夏氏姐弟钢琴演奏会之两图

集美歌舞特刊

李麗蓮女士便裝象 天津同生攝。

看能集美歌舞

何麗貞(右)潘麗娟之『滑士舞』 天津同生攝。

洪麗娟女士之舞姿 天津同生攝。

集美歌舞劇社抵津留影 同生攝於老車站。

『美』的消息

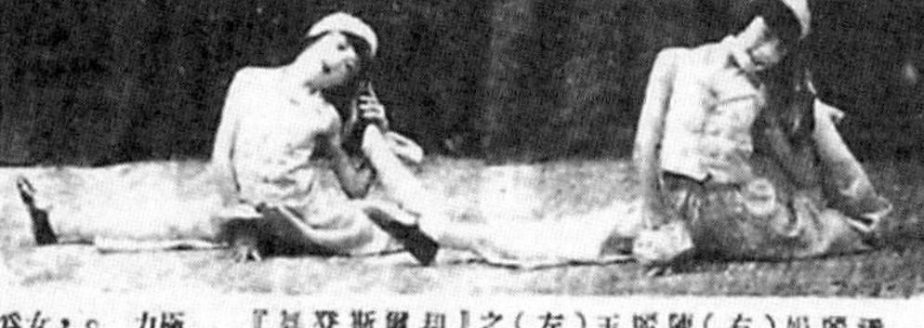

潘麗娟(右)陳麗玉(左)之『却爾斯登舞』

集美之舞

『好朋友來了』(由右至左:陳麗玉•潘麗娟•洪麗娟•黃麗賢) 天津同生攝。

陳麗英之『漫舞』 天津同生攝。

二十年七月念八日　(2)　星期二　第六百五十六期

▲上海集美歌舞剧社特刊

▲上海集美歌舞剧社之小演员

▲梅花歌剧团团长魏萦波

梅花專頁

■沽上梅開　●記者●

明月之來也，本報曾爲刊專頁，集美之來也，本報曾爲刊專頁，梅花之來也，本報又安得而不爲之刊行專頁乎。在技巧上，梅花有其相當之位置，且吾人相信，歌舞爲藝術之中心，（中國歌舞程度到何地步，爲另一問題。）跡背狂舞，固足以奮魂喪志，而歌舞本身，又何嘗不足以使人興感耶？本報願介紹梅花於讀者之前，並望梅花中人，不僅以聲色娛人爲滿足。

■梅花瀨　●蜀雲●

梅花團之幹事趙慧深女士，獨具學者風度，前曾讀書於天津師範附小，爲童話作家趙景深之妹。徐粲鶯在同生象館攝影時，記者曾聞其稱魏綦波爲「姆媽」，綦波應之極爲自然，不知是何關係。想係「張家姆媽」，「李家姆媽」（南方人小孩子稱女性長輩猶如此，即猶之北人之稱老輩的女性爲「伯母」也）之意。

潘文霞手持法國巴黎香品公司所附之紙扇一把，十分小巧，隨手一擇，[illegible]

魏綦波　徐粲鶯　趙慧深

三朵梅花的速寫。瀞珊作。

梅花歌劇團女團員合影

天津同生攝。

■梅花點點　●秋●塵●

梅花歌劇團魏綦波以次三十餘人，昨日起已在明星戲院登台表演，論其技巧，黎錦暉前此率明月過津沽時，且盛稱之，可知其造詣不淺。梅花成立於民七，論時間猶在明月之前，曾西至巴蜀，東遊青島，車座爲路，亦非其他歌劇社可同日語也。表演前三日，即來津，下榻惠中飯店之三樓，樂隊六人，男演員四五人，職員而不登台者三人，餘皆爲女演員，但記者往訪所得見，不過七八人而已。魏綦波女士，自云：「卒業於東南體育專門學校，性嗜舞若命，其餘若球，若田徑賽，皆非所好，雖自辦歌劇社，固不善歌也。」身極長，獨具風霜，自半面看去、有六七分，頗似銀星楊耐梅。其實不然，身短而「團柱子」徐粲鶯，在理想中，必爲一亭亭玉立之人，尤別具風格，殆富於肥，其所[illegible]……乒乓響。……舌抵顎，亦碎碎有清脆聲，雙足點地，真令人有「不知手之舞之，足之蹈之」之感。以歌名者，爲張仙琳，甚瘦削，著水紅西裝。[illegible]著黑紗短衣，團中人謂其最富於男性。年齡較稚者二人，爲李里仁，范里香，皆嬌態可喜。衣著亦較樸素。潘文娟著朱紅長旗袍，頗楔歎，潘前曾爲集美之一員，集美瓦解後，即投身梅花，潘在集美中爲最美，今在梅花最裊，固亦不弱也。男演員只見黃昏一人，短小嬌悍，以與張綺女士合作掌上舞負勝名。張現已適人，且生子，黃遂有「妙手空空」之感，「不彈此調」久矣！但「唐宮艷史」，「唐明皇」等之主角，仍非黃不辦，記者戲謂：「張小姐出閣，黃先生可以主演馬鞍山（俞伯牙摔琴也）矣！」爲之相顧一笑。

▷「桃花江」之一幕◁

▷徐粲鶯女士之「祈禱」◁

▷今日在明星表演「不見去年人」之一幕（魏綦波作劇）◁

▷「抵抗」之一幕◁

▷「唐明皇」乞巧之一幕◁

廿一年八月四日　（2）　星期四　第八百三十三期

▲梅花歌剧团专页

▲上海集美歌舞剧社二演员之舞姿

▲霞影歌舞团之《玉腿舞》

▲ 华光歌舞团表演之舞姿

▶ 华光歌舞团演员钱静姿

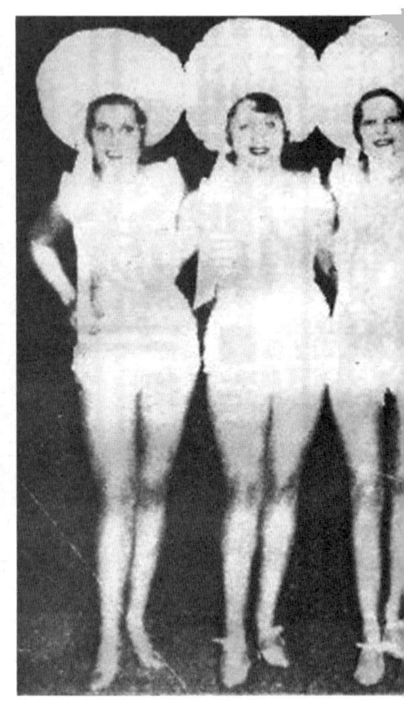

▲美国著名力斯歌舞团之女演员

◀外国歌舞团表演之《妙舞翩跹》

▲美国百老汇群芳歌舞团中之十二金钗

▶俄罗斯歌舞演员在法国表演

「玉兔舞」（右至左：劉淪娃，李莉莉，鄂文卿，路易斯，董戈金，王珞珈，陳曼麗）

徐耐麗之「東方古舞」

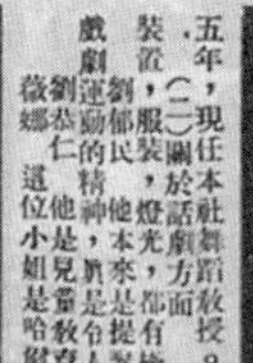

介紹我們的伙伴（二）

鄂頫卿　這是一位小寶貝，可是她的舞蹈的程度正與她的年紀成了個反比例。後生可畏！乘家姊妹都有這樣的論調。

李莉莉　曾在上海藝術專門學校肄業，善滑稽舞，並且體育很好，可算是一位運動家。

董戈金　湖北省立一中的高材生，因為愛好藝術，所以也欲不遠千里而來。她很聰敏，又很用功，將來的希望很大。

關谿西　在四川省立女師肄業，除了擅長歌舞外，對於美術很有研究。她和鄂世馨很要好，她倆不但是同鄉，因為鄂女士也是美術家。最後要說的，是玉蘭，翠蘭，因為她們又老實又肯用心學，實際也的確是很好，所以大家都很喜歡她們。

布拉股夫　外籍，這是我們很值得介紹的一位舞蹈專家，足跡遍全球，研究舞蹈的二十五年，現任本社舞蹈教授。於此短促之四月間，他對於訓練大為賣力，產生很多量節目。

（二）關於話劇方面

劉唐　上海藝專的畢業生。他對於舞台裝置，服裝，燈光，都有極高深的研究。在武漢曾創立鵠的劇社，很努力戲劇運動。

劉郁民　他本來是提琴家，曾肄業於上海國立音專，可是他對話劇的努力和愛好，確是很深，和他致力戲劇運動的精神，真是令人敬仰。

劉恭仁　他是兒童教育的研究者。他對於話劇事業的鼓吹和努力，在上海戲壇上，已有十年的歷史。

薇娜　這位小姐是哈爾濱人，她在新華藝術大學卒業，在上海戲壇上是早有卓越的地位了。

李鈞　他是話劇作家和小說家，他在上海劇壇上的努力，和各地戲劇運動的倡導，確是不遺餘力的幹着。

王者香　上海新華藝術大學的畢業生，是上海學校戲劇運動的中堅，尤其對於戲劇理論確有很高深的研究。

（三）關於音樂方面

因為篇幅的關係，只好以後再詳為介紹，不過在這裏首先提出四位來說一下，一位是郎偉民君，他是留外多年的鋼琴名手，現任本社樂隊指導。一位是馬發亭君，曾任國府樂隊教官，對於各種樂器都很精通。一位是白松繁君，一位是賀元臣君，這兩位對於作曲都很努力。

王珞珈陳曼麗之「唐戈舞」

鄂頫卿與劉淪娃「姿態舞」之三

幾種舞蹈

索·覺·

△東方古舞 Oriental Dance　在希臘敎的祭神大典裏，這個舞蹈的儀是一種獻媚取悅於神底犧牲品，也是良心感受懲罰的人們懺悔和求恕必然的過程。宗敎早在顯示着救人救世的本旨，希望的消失，和妄想的寄托，在紛擾的人羣裏，都在呼喊着和平；獻神也許是一種最完善的辦法。

△印第安舞 Indian Dance　這是南美洲土番風行一種舞蹈，象徵着勝利的愉快。土人在優越的環境裏，享受着大自然的保護，雖然在滅亡的進程中，也常使白人束手。

△西班牙舞 Gipsy Dance　這是吉甫西民族一種通行古典派的舞蹈，象徵着他們能盜竊賣卜的流浪的悲哀。激動情緒的一種藝術，這不但是巫覡的本色，也是一般迷信家應得的享受。音樂是能假借着他的感動，來表現神的莊嚴和力量。

△馬車舞　人們的懸望，有時覺會像驃馬似的奔放着。在這物質籠罩着的世界上，人總是那樣不斷地追求着生存的享受，可是對於靈魂的出賣，卻沒有絲毫的自覺。這個舞蹈的意義，就是象徵着人慾橫流的悲哀。

△哥薩克舞 Cossacks　哥薩克民族是具有剽悍嗜殺的天性，身邊的手雷，和腰間的尖刀，也是以表現他們的膽量。他們從來不認識屈服，只知道抵抗是他們唯一的出路。雖然在四面楚歌高唱入雲的時候，這個舞蹈，就是他們靈魂底代表。

迎春舞（上）壯士舞（下）

王珈珞，鄂文卿，徐耐麗，劉淪娃「西班牙舞」

▲一组歌舞专页之一

冷燕社歌舞話劇團專號

「舞伴之歌」

■介紹我們的伙伴

（二）關於歌舞方面

路易斯　她是上海兩江女子體育專門學校的畢業生，對於舞蹈及歌唱的藝術，在學校裏就向來是佼佼者，畢業後隨着乃兄所創辦的譽影歌舞團，出演各地，備受稱頌。不過近來她的興趣漸漸轉移到話劇上面，實在說，她的天才是多方面的。她那種好學精神，確是本社模範人物，並常寫些文藝小品，也是清麗可觀。

徐徐　這位小姐是上海一九三三年的歌舞皇后。這種榮耀也並不是偶然的事，因爲她對於舞蹈藝術，確是一個天才者。當她還沒有脫離梅花團的時候，原來就是四大金剛之一，可惜因爲現在懷孕，所以暫且不能出演。現在每當排練時，她總還是挺身而出地担任指導的工作。

陳曼麗　武昌女子中學的高材生。她對於歌舞藝術的認識很深。雖然在她所參加過的新月和京中歌舞團都依她爲台柱，可是因爲她對於藝術有了急遽的轉變，終於走進了冷燕社。

徐耐麗　她是上海一個舞蹈專科學校裏的學生。她的藝術的確可以說是到了爐火純青的程度了。可是她並不因此而自滿，也不因此而驕傲，因爲她知道自滿，就是自滅的預兆。

劉論娃　她很具有男性的風度，所以大家稱她爲小英雄。她的舞技也是很超羣的，擅長姿態舞和滑稽舞，直可算是獨樹一幟了。

鄂文卿　當她在武昌省立女師畢業以後，就被華光歌舞團的一位親戚請去當教練。她對於日本舞蹈很有心得，現在替大家排練着，像這樣誠懇的小姐肯爲大家出力，真是少見啊。

王珞珈　她的父親是個舞蹈家，有其父必有其女。她很聰明，除了歌舞以外，還擅長鋼琴，雖然離開學校，還是好讀不倦。

（以下接第三版）

鄂文卿之舞姿

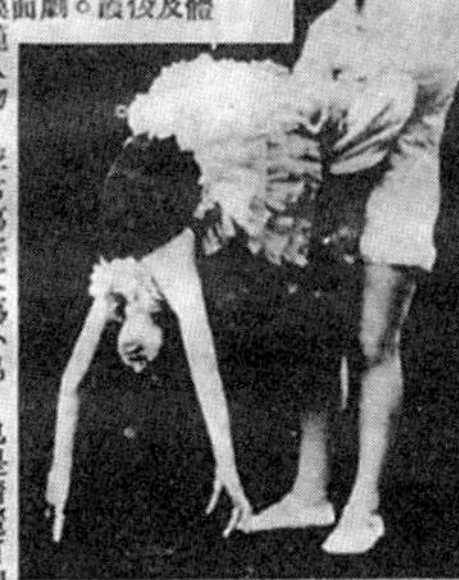

劉論娃與鄂頻卿「姿態舞」之一

劉論娃之單人舞姿

■冷燕社的自白

就現在一般的情形來說：彷彿一提到歌舞兩個字，便是已經由藝術給過繼出去了。所以當我們一發起這種事來的時候，因爲裏面沒有一個歌舞組，就有人提到——這是幹不得的。那意思就是說：這是自取沒落。但是我們詳細來追究一下，爲什麼歌舞到現在竟有了這樣的現象呢？爲什麼歌舞竟對於一般人失卻了這樣大的信仰呢？

藝術根本就是人類精神的食料。如果現在時代的人們，你再給他以茹毛飲血時代的生活，他是不會接受的。那就是因爲不能滿足他的需要。精神又何嘗不如此？

肉麻的廣告，挑撥的宣傳，那不過是生意人祇顧眼前，使人心血衝動的一種騙術，但精神上真純的需要，還須藝術供給。

「冷燕社」她祇好說是爲了「援救」兩個字而產生的，她是要儘其量的供給與我們的觀衆以精神上的需要。雖然在事實上她現在不過是個藝術界的新生兒，但在實力上她卻據着相當的準備，檢點着以往的錯誤，追尋着有望的未來。她是堅決底將整副的精力完全放到努力的上面，她是要將已經失卻了相當的信仰的藝術——歌舞，將她由生意人的手裏攫取回來，仍舊要在觀衆面前付之以真實。這在幹藝術的責任上，在人類的義務上，都是應該做的一件事。並且她不僅是爲了攫取信仰，同時她還是在由藝術的正軌上，推進藝術各部門的發展。

她內部的組織是：綜合了「愛美團體」與「職業團體」兩稱特長的方式。因爲要維持一般藝人的生活和團體的壽命，所以就不能不採取職業制。但是，反過來說：爲了要產生真實的東西和提高團體的趨向，也決不容營業來阻礙藝術事業的發展。

她總證着：歌舞，話劇，歌劇，音樂，四大組。相提並重的同時推進着，以期達到我們希望中圓滿的目的。

現在這個新生兒是已經從雛齊中落生了。朋友們！她是像蛻鮮嫩的春筍一樣的帶着活潑潑地生氣，偌大的熱情，在切盼着你們的照顧和扶養。最近的幾日她就會和你們握手和見的。

徐耐麗之舞姿

劉論娃與鄂頻卿「姿態舞」之二

本刊照片均天津同生攝

話劇「三王」一幕（飾者爲寄竹與路易絲）

「玉腿舞」（陳曼麗，路易絲，關露西，徐耐麗，劉論娃，李莉莉）

廿三年八月十四日　（2）　星期二　第一千一百二十七期

▲ 一组歌舞专页之二

▲◀冷燕社表演的《花团锦簇舞》（上）和《天鹅舞》（下）

◀日本艺妓席地而歌之情形

▲ 日本东京宝少女歌剧团表演之歌剧《女王》

▲ 艺光歌剧社表演之《军民共乐舞》

◀艺光歌剧社表演歌舞《三点钟》

▲艺光歌剧社表演之《卡尔斯登舞》

▲ 日本东京宝少女歌剧团二舞星

▼ 北京育婴堂募捐音乐会女声独唱

▲北京育婴堂募捐音乐会钢琴独奏(上)和“锯琴”二重奏(下)

▲上海三大歌星之一王耐雪

▲上海三大歌星之二江曼莉

▲上海三大歌星之三汪曼杰

日本著名舞蹈家花园歌子扮男妆在北京表演《江上撑船歌》，很可能其音乐是赵元任创作的同名作品。

◀日本著名舞蹈家花园歌子在北京协和礼堂表演之舞姿

▲日本著名舞蹈家花园歌子之男装（右）和表演的《江上撑船歌》

▲天津钢琴家夏志真女士及其弟子举办钢琴演奏会(中间坐第17为夏志真女士)

夏志真　钢琴家,祖籍山东寿光,1893年生。江宁女子师范毕业。1917年4月,夏志真在家开办"女子钢琴传习所",1925年9月到天津圣功女学校任教,兼河北第一女师、南开女中教师。终身未嫁,把全部精力和时间献给了钢琴教育事业。当年《大公报》评价她:"只要是在天津小住过的人,没有一个不知道在本市音乐界占有相当位置的夏志真女士。""夏女士也是津市有数的女音乐家。""夏女士对于职务的不苟且,十余年如一日教授钢琴的恒心,始终不懈怠的精神。这在妇女界中,实在是不可多得的人才。"她与学生每年开一到二次钢琴演奏会,直至1949年6月18日在天津举办最后的钢琴演奏会,有30位学生参加表演。她的最著名的学生是张隽伟,上海音乐学院钢琴教授。

▲夏志真女士(标"17"者)

▲上海歌星曼英女士

▲新华歌舞团表演的《百合花舞》

▲北京慕贞中学口琴队全体

◀北京青年会口琴深造班及高级班练习的情形

▲"联青夜"小乐队演奏"电吉他"

◀北京妇女社会服务促进会春节举行同乐会关月华演奏小提琴

▲北京各界纪念三八妇女节演奏小提琴的林秀珊

◀北京妇女社会服务促进会举行春节会演出的《剑舞》

▲武汉主办扩大宣传周由女生表演《防空舞》

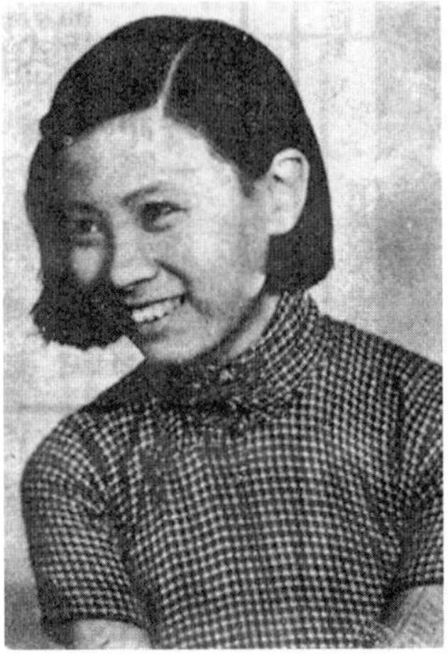

▲上海名歌星徐健女士

◀上海黄佩英演奏手风琴

▲上海圣乐团在南京演出后留影

▲北京青年会友联歌咏团首次公演

▲上海雨花歌舞团王桂敏

本辑图片出处目录

△梅花歌舞团掌上舞姿之一	1930-565-2
梅花歌舞团之舞蹈《七情》	1930-566
△梅花歌舞团《游龙戏凤》姿之二	1930-567
△梅花歌舞团《翩翩欲仙》舞姿之三	1930-568
△梅花歌舞团《娇若游龙》舞姿之四	1930-570-2
△梅花歌舞团《落叶随风》舞姿之五	1930-575
△梅花歌舞团《上穷碧落》舞姿之六	1930-576
△梅花歌舞团《春眠乍觉》舞姿之七	1930-579
梅花歌舞团《乳燕试羽》舞姿之八	1930-582
梅花歌舞团《盘马弯弓》舞姿之九	1930-585
梅花歌舞团《弱柳迎风》舞姿之十	1930-588
△梅花歌舞团《玉趾摩空》舞姿之十一	1930-599
△梅花歌舞团《荷蔷擎雨》舞姿之十二	1930-600
△梅花歌舞团之舞	1930-646
梅花歌舞团《羽衣蹁跹》的舞姿	1931-636
天津夏氏弟子钢琴演奏会	1931-638
天津夏氏姐弟钢琴演奏会之两图	1931-639
上海集美歌舞剧社特刊	1931-656
李丽莲女士便装像	1931-656
△上海集美歌舞剧社之全体演员	1931-704
△上海集美歌舞剧社《石像美》	1931-705
上海集美歌舞剧社二演员之舞姿	1931-705-2
上海集美歌舞剧社之小演员	1931-707
△上海集美歌舞剧社演员	1931-707-2
△梅花歌剧团之舞姿	1932-812
梅花歌剧团专页	1932-813
梅花歌剧团团长魏萦波	1932-814
△梅花歌剧团表演《乞丐》之一幕	1932-815
△梅花歌剧团演员潘文娟	1932-815-2
△梅花歌剧团的二位演员	1932-816
△梅花歌剧团演员蔡一鸣	1932-818
△梅花歌剧团二位演员	1932-827
霞影歌舞团之《玉腿舞》	1932-869
△梅花歌舞团两位演员	1933-883
△梅花歌舞团演员李里仁	1933-885
华光歌舞团表演之舞姿（上），华光歌舞团演员钱静姿（下）	1933-984
美国著名力斯歌舞团之女演员	1933-1010

△参加“联青夜”演出《檀岛弦歌》 1937–1523
△参加“联青夜”的合唱演员 1937–1523–2
△北京歌咏团在协和礼堂演出的团员 1937–1526
北京各界纪念三八妇女节演奏小提琴的林秀珊 1937–1527
武汉主办扩大宣传周由女生表演《防空舞》 1937–1529
上海黄佩英演奏手风琴 1937–1530
△在北京表演之影城歌舞团的舞蹈表演 1937–1537
上海圣乐团在南京演出后留影 1937–1539
上海名歌星徐健女士 1937–1542
△参加艺专演出四位演员 1937–1544
△北京青年会友联歌咏团公演后留影 1937–1565
北京青年会友联歌咏团首次公演 1937–1568
上海雨花歌舞团王桂敏 1937–1584
△俄罗斯舞蹈团演员 1939–450
俄罗斯舞蹈团演员表演一斑 1939–450–2

北洋画报

图说乐·人·事

第五辑

民 族 音 乐

在《北洋画报》发表的有关民族音乐的图片中，主要体现在传统的戏曲和曲艺，其他形式和体裁较少。如果分析如此的原因，可能与民族器乐尚未最大限度的专业化有关。另外也与编者的视阈不无关系。《北洋画报》发表的戏曲和曲艺的图片，有相当多的舞台演出图片和新闻报道，还有一些短评，可以说是五花八门，无所不有。从中可以看出通俗文艺在20世纪三十年代的传播。就戏曲和曲艺而言，它开辟了专栏，共出版了422期，是研究三十年代戏曲和曲艺的绝好材料。因为图片量多，编者只选一些代表性和难于见到的图片。

▶礼乐昌明——
老师宿儒，弹冠相庆

晚清以降，特别是“五四”运动后，西学东渐势不可挡，似乎国学出现危机，不断有人呼喊“复兴礼乐”，然而都未成功。1926年军阀孙传芳“忽倡投壶古礼”，也不过是掩盖其军阀残害人民的行径。这种所谓的“礼乐昌明”，与后面的“祭孔”是有所不同的。

“祭孔”活动早在周朝的时候，学校每年都要按四季释奠于先师，来表示尊师重道之意。凡是过去对教育有贡献，且已过世的教师，都是师生祭祀的对象。后来，由于孔子生前非常注重教育，在教育事业上的成就很高，影响极为深远，所以释奠的对象逐渐以孔子为主。到了隋朝，孔子被尊称为“先师”以后，释奠便成为祭孔典礼的专属名称了。清入主中原，顺治帝定都北京，他在京师国子监立文庙，内有大成殿，专门举行一年一度的祭孔大典，并尊孔子为“大成至圣文宣先师”。祀礼规格又进化为上祀、奠帛、祝文、三献、行三拜九叩大礼。

民国时期，民间、官方均有祭孔活动。1913年6月22日，袁世凯发布《尊孔令》。次年9月又颁发《祭孔令》，并进行中华民国首次“官祭孔子”活动。清入主中原，顺治帝定都北京，他在京师国子监立文庙，内有大成殿，专门举行一年一度的祭孔大典，并尊孔子为“大成至圣文宣先师”。祀礼规格又进化为上祀、奠帛、祝文、三献、行三拜九叩大礼。

1949年，中华人民共和国成立后，基本取消祭孔活动。在文化大革命时期，大搞批林批孔的运动，祭孔视为封建迷信而被禁止，很多文庙等文物古迹都被破坏。因此，很多古老的祭孔仪式、舞蹈被人遗忘。直到1984年，曲阜孔庙才恢复了民间祭孔，以后大陆其他地区陆续恢复祭孔的活动。以下五图为1926年北京祭孔的情况。

从1952年开始，台湾当局把孔子诞辰日定为教师节，祭孔活动一直沿用至今。此外在日本、韩国、新加坡等国家，都有祭孔活动。

▲北京国子监大成殿前祭孔之景况

◀北京国子监大成殿前之古乐器

◀北京国子监大成殿前之古乐器

▲国子监祭孔襄礼之乐人

中国艺术在国外，特别是京剧在国外，是一个专门的题目。目前已有一些专门研究的论文。大体上京剧传播到国外，是19世纪20年代开始。到19世纪中叶，在美国纽约就有了中国剧院。当时演出的京剧，一方面有在美国的中国侨民演出，另方面则是国内走出去的。20世纪更是京剧在美国传播的重要时期。图片是1927年由美国人演出的京剧。

◀美国纽约演出之京剧《天女散花》

▲美国纽约演出之京剧《虹倪关》

△羅癭公手書西施劇角表▽

Dramatis personae of "Hsi-Shi" written by the late scholar Mr. C. Y. Lo.

◁古裝劇『西施』中梅蘭芳及姚玉芙之羽舞▷
•武越攝於真光劇場•

Mei Lan-Fang and Yao Yu-Fu in the feather dance in "Hsi-Shi."

勇猛精進..

北洋畫報雅鑒 梅蘭芳

TO P.Y.P.N.
"Pushing to the front!"
By Mei Lan Fang

□談談一個機會——舊戲
•王小隱•

□發刊小言
•養拙軒主•

梅蘭芳今日已爲大有造手中國現代戲曲界之人物，此固中外人士所公認，更無待吾人再進以頌揚之詞。顧今茲梅氏來津，吾報爲出專號，一以報告梅氏最近之消息，二以述吾人對於梅氏之希望與最新之批評。此皆爲關心梅氏及中國戲曲者所樂聞，固與尋常浮泛之作，適不相侔也。

□太眞外傳第四本中之梅蘭芳□

△其一▽

左右兩圖爲太眞外傳第四本仙山樓閣一場之化裝。所謂攬衣推枕。風吹仙袂時也。丙寅十一月某夜以電光攝於滬上。

△其二▽

◁李釋戡君題字▷
Words of praise written by Mr. H. T. Li.

Left and right: Mei Lan-Fang as Yuan Kwei-Fei.

梅蘭芳專號

星期六　第八十一期　　（3）　　十六年　四月　念三日

▲梅兰芳演出之专页

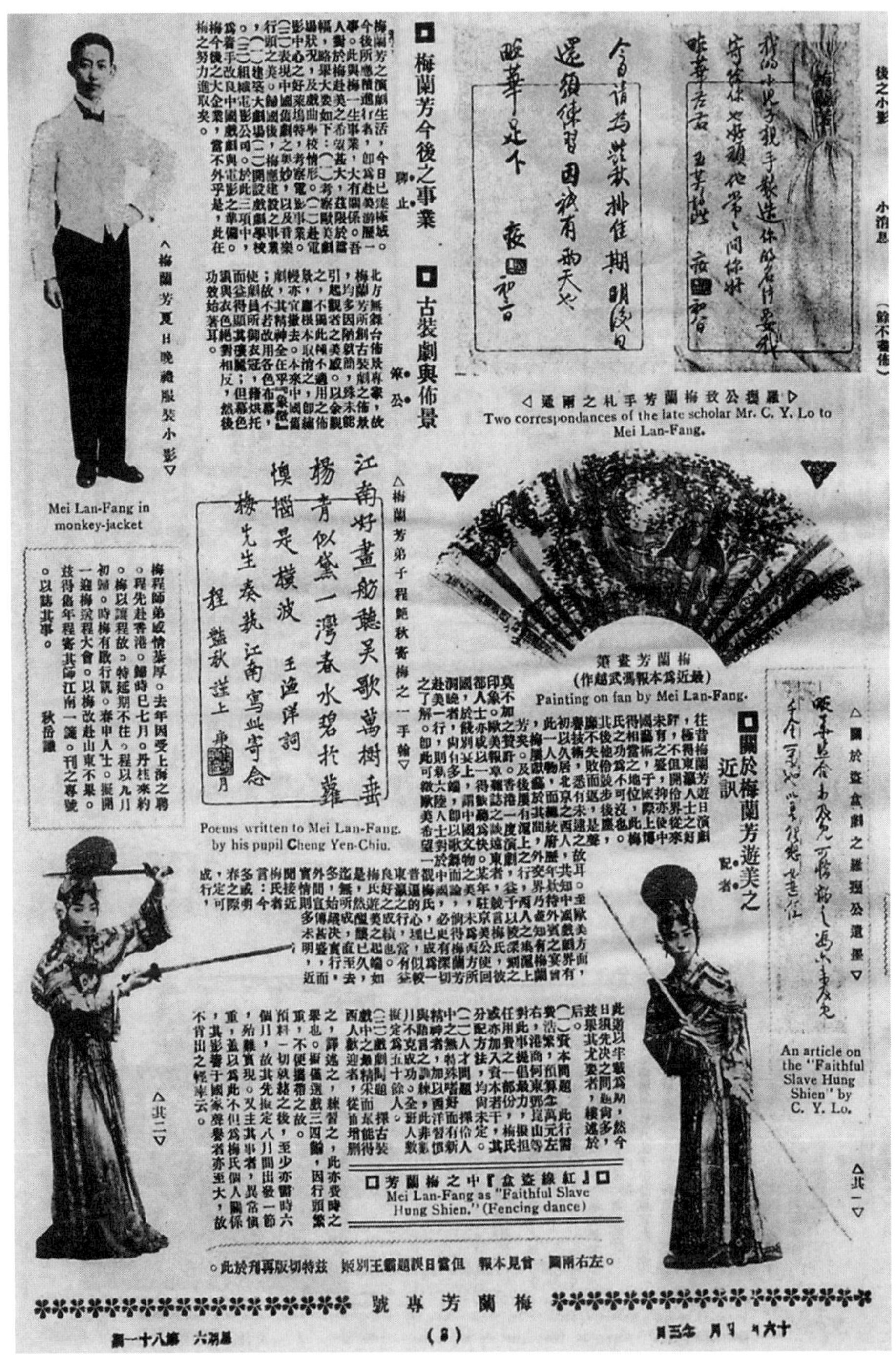

△梅蘭芳夏日晚禮服裝小影▽

Mei Lan-Fang in monkey-jacket

梅蘭芳今後之事業　聊止

古裝劇與佈景　寀公

△羅癭公致梅蘭芳手札之兩通▷

Two correspondances of the late scholar Mr. C. Y. Lo to Mei Lan-Fang.

江南好，畫舫聽吳歌，萬樹垂楊青似黛，一灣春水碧於蘿，懊惱是橫波。
王漁洋詞
梅先生奏執江南寫此寄念
程豔秋謹上

△梅蘭芳弟子程艷秋寄梅之一手翰▽

Poems written to Mei Lan-Fang. by his pupil Cheng Yen-Chiu.

梅蘭芳畫箑
（最近爲本報馮武越作）

Painting on fan by Mei Lan-Fang.

梅程師弟感情甚厚。去年因受上海之聘。程先赴香港。歸時已七月。丹桂來約。梅以讓程故。特延期不往。程以九月初歸。時梅有歐行訊。春中人士。擬開一迎梅送程大會。以梅改赴山東不果。茲得舊年程寄其師江南一闋。刊之專號。以誌其事。
秋岳識

關於梅蘭芳遊美之近訊　記者

△關於盜盒劇之羅癭公遺墨▽

An article on the "Faithful Slave Hung Shien" by C. Y. Lo.

△其一▽

△其二▽

『紅線盜盒』中之梅蘭芳

Mei Lan-Fang as "Faithful Slave Hung Shien." (Fencing dance)

左右兩圖，曾見本報，但當日誤題霸王別姬，茲特切版再刊於此。

梅蘭芳專號

第八十一期　星期六　（3）　十六年八月三日

▲梅兰芳演出之专页

◀北京雍和宫跳鬼日

▲演员苏佩秋之吹箫图

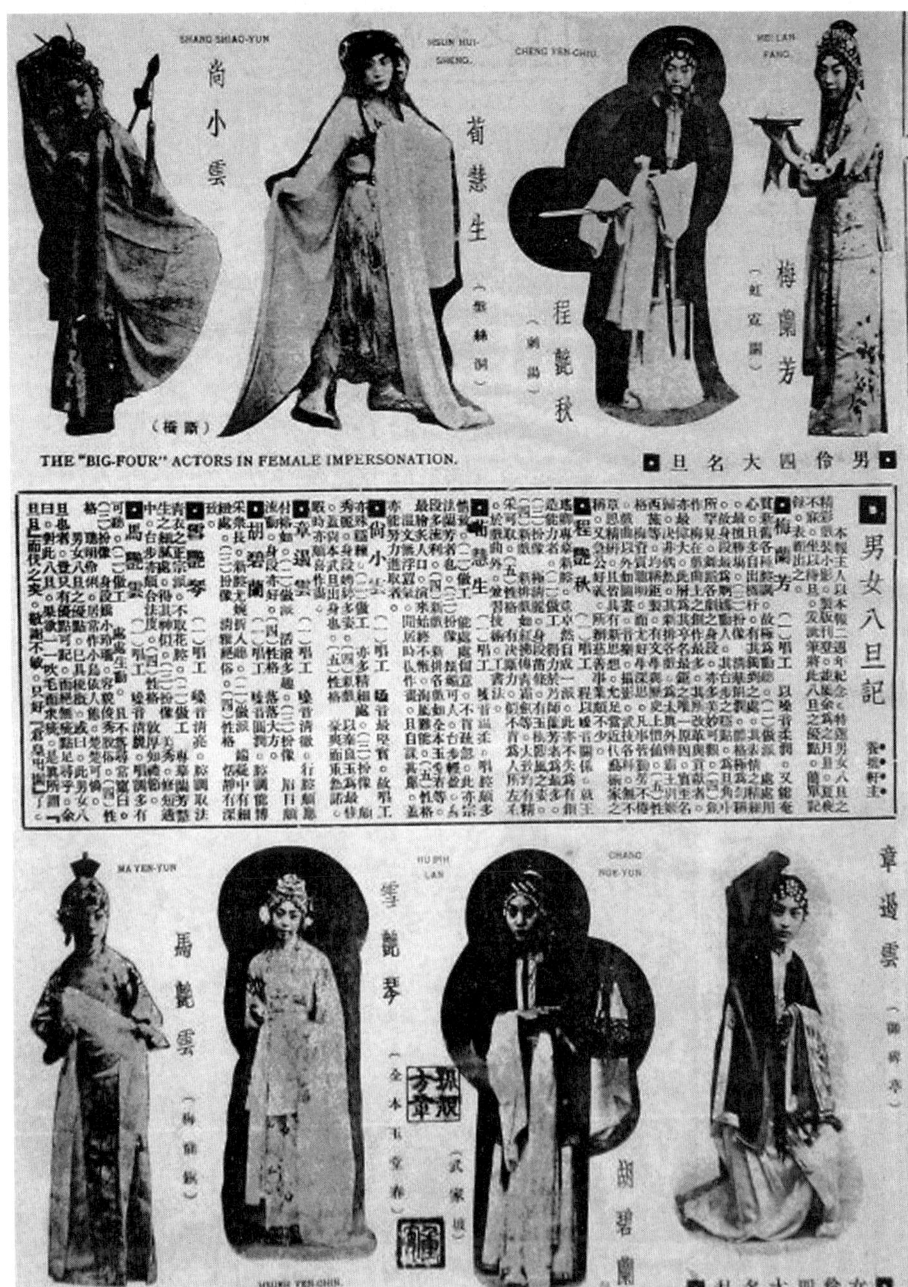
男伶四大名旦
THE "BIG-FOUR" ACTORS IN FEMALE IMPERSONATION.
MEI LAN FANG
梅蘭芳
（虹霓關）
CHENG YEN-CHIU
程艷秋
（刺湯）
HSUN HUI-SHENG
荀慧生
（盤絲洞）
SHANG SHIAO-YUN
尚小雲
（斷橋）
男女八旦記
梅蘭芳
程艷秋
荀慧生
尚小雲
章遏雲
胡碧蘭
雪艷琴
馬艷雲
女伶四大名旦
章遏雲
（御碑亭）
CHANG NGE-YUN
胡碧蘭
（武家坡）
HU PIH LAN
雪艷琴
（全本玉堂春）
HSUEH YEN-CHIN
馬艷雲
（梅龍鎮）
MA YEN-YUN

▲男女八旦专页

▶ 谭小培、荀慧生和谭富英合影

谭小培（1883—1953），京剧老生。字嘉宾，乃谭鑫培之五子。其常演剧目有《二进宫》《黄鹤楼》《黄金台》《碰碑》《问樵闹府》《卖马》《失街亭》《战蒲关》等。

谭富英（1906.10.15—1977.3.22），京剧老生演员，谱名豫升，小名升格，出身梨园世家。著名京剧表演艺术家，四大须生之一。生于北京，祖籍湖北武昌。曾任北京京剧团副团长。中国共产党党员。出身于京剧世家。祖父谭鑫培，父亲谭小培。自幼耳濡目染，深受其父辈影响。后入富连成科班，向萧长华、王喜秀、雷喜福等学艺，工老生。坐科六年，在严师督导之下，打下了坚实的艺术功底。擅长靠把戏，后又在其父谭小培和老师余叔岩的教导下继承“谭派”和“余派”风格，发挥自己的艺术特长，酣畅流漓，朴实大方，技艺大进，他的演唱被人们称为“新谭派”。

荀慧生（1900—1968），男，京剧旦角、表演艺术家。初名秉超，后改名秉彝，又改名“词”，字慧声，1925年起改名为荀慧生，号留香，艺名白牡丹。一生演出了三百多出戏，其中代表作为《元宵谜》《玉堂春》《棋盘山》等，是中国京剧荀派的创始人，与杨小楼、尚小云、谭小培一起称为“三小一白”。1919年同杨小楼赴沪演出，1927年和1931年两次当选“四大名旦”，有“无旦不荀”的美誉。2010年1月2日晚，国家一级演员、中国戏剧“梅花奖”获得者、市京剧团团长王桂荣在北京梅兰芳大剧院，参加了2010年名家名段大型新年京剧演唱会暨纪念荀慧生诞辰110周年演唱会。

▲苏滩演唱家李文英

苏州滩簧为曲艺曲种，“苏剧”的旧称。也是曲艺“苏州滩簧”的简称。江南的滩簧产生于苏州，原为演唱南词、弹词、文书等曲艺的艺术形式。

▲苏滩演唱家李文英和李文君

小黑姑娘（1910—1973），女，京韵大鼓演员，原名金慧君，满族人，北京人。幼年随养母曹桂喜（黑姑娘）学艺，故取艺名小黑姑娘。12岁时延师韩永禄、韩德泉学唱京韵大鼓。16岁登台，深受津、京、沪等地曲艺观众欢迎。1929年首次来津演出，旋即誉满津沽。后自挑大梁旅演于沪滨之上，红极一时。在上海时胜利唱处公司邀其灌制《大西厢》唱片两张，流传至今。1933年在上海嫁人即脱离舞台，后因夫丧返京。1942年重登曲坛，演出于津京两地。

小黑姑娘的艺术风格上宗刘派中期，唱做结合，吐字有力，功架优美，台风潇洒，深得刘派神韵。她嗓音纯正，柔中有刚，学习刘宝全唱法有独到的功夫。以女声学习刘宝全的演唱方法与艺术风格，能使用假声、立音，吐字铿锵，有爆发力，字音清朗准确，帅脆爽冲，有阳刚之气。像京剧女老生孟小冬学余叔岩一样，非常难能可贵，被认为是以女声学刘宝全最有成就的代表人物。同时，她还注重表演，讲究身段功架，台风潇洒优美，更为曲艺观众所喜爱。她演唱的《大西厢》《长坂坡》《马鞍山》《古城会》等深得刘派神韵。

建国以后，金慧君参加并主持群声曲艺团，曾排演一些新曲目，后来参加天津和平区曲艺杂技团，演出之余还授徒传艺。

解放前灌制了九张唱片，分别是蓓开公司的《群英会》《活捉三郎》；长城公司的《古城会》《华容道》《马鞍山》，胜利公司的《长坂坡》《闹江州》和《大西厢》两张，是解放前灌制唱片最多的京韵大鼓女演员。1962年演唱的《草船借箭》留有录音。

▲ 天津鼓姬小黑姑娘（封面）

▲ 杨小楼与（右）与姚佩秋（左）合影

杨小楼（1878—1938），名三元，京剧武生演员，杨派艺术的创始人。杨月楼之子，安徽怀宁人。

李万春（1911—1985），著名京剧表演艺术家、戏曲艺术教育家。满族正黄旗人，原籍河北雄县道口村，出生于哈尔滨。父亲李永利是红遍江南、称绝一时的清末著名武花脸演员。李万春的妻子李砚秀是京剧旦角演员。李万春4岁随父母迁居上海。6岁上学读书，不足5岁就开始随父练功学戏。《佟家坞》《阴阳鱼》《田七郎》《大力将军》等为其独有剧目。

◀李万春之《长坂坡》剧照

▲哈尔滨元宵节之高跷会

◀北京大鼓名姬王凤友

程长庚（1811—1880），名椿，谱名程闻檄，清朝同治、光绪时期技艺非凡、声名赫赫的京剧表演艺术家，工文武老生，是徽班进京后由演唱徽调、昆腔衍变为京剧的十三位奠基人之一。曾被清末画家沈蓉圃绘入《同光十三绝》画谱。他曾任三庆班主，同仁尊称其大老板。曾任精忠庙庙首，三庆、春台、四喜三班总管。他腹笥渊博，能戏三百余出，他与四喜班张二奎、春台班余三胜，为京剧第一代演员的三位老生杰出人才，虽比余、张享名较晚，但其威望极高，并称老生三杰、老生三鼎甲，程长庚名列“三鼎甲”之首，被称为徽班领袖、京剧鼻祖。

◀程长庚戏装画像

▲北京古琴演奏家郑慧

▲酸调大鼓演员新遏云

▲日本音乐比赛之一种

▶ 东北鼓书大王刘问霞

刘问霞（1895—1944），东北大鼓女艺人，山东人，少年随父母来到沈阳投亲不遇，生活无着，16岁拜刘连甲为师唱东北大鼓。20世纪二三十年代，成为东北大鼓女演员中的佼佼者，被誉为东北大鼓的“鼓界大王”。刘问霞专攻小段擅长演唱子弟书段《黛玉悲秋》《黛玉望月》《黛玉焚稿》《宝玉探病》等。她演唱的东北大鼓，能做到依字行腔，感情细腻，动作逼真，善于用表情动作来表情达意。在女演员中，她是第一个突破“目不斜视”老规矩的，得到当时人们的赞赏，并为女艺人所仿效。刘问霞为人老诚持重，她经常与子弟书作家廖东霖等人保持联系，演唱他们的作品并请指导，故而书艺长进很快。她经常在沈阳的小河沿的凝香榭、鸿望轩、万泉等较大的茶社演出。1930年在城里中街买下公余茶社，以后便在自己的茶社演出。刘问霞是第一个灌制唱片的东北大鼓演员，当时的上海百代公司曾为她灌制了《刘金定观星》《宝玉探病》《西厢》《小拜年》等6张唱片。1931年她赴天津演唱东北大鼓，受到好评。1944年，受敌伪迫害，含恨而死。

梅蘭芳

"MEI LAN FANG"

明星戲院前之梅蘭芳廣告燈

梅蘭芳與美電影明星約翰賈爾波（時約氏正在影場中飾一水手）

Mei Lan Fang photographed with the movie actor John Gilbert in America.

梅蘭芳飾刺虎中之費貞娥

Mei Lan-Fang in the "Vengeance on the Bandit-General"

談浣華刺虎

記遼災義劇籌備之經過（接第二版）

遼災義劇三日戲目

第一日：蕭長華請醫。楊小樓殷家堡。梅蘭芳楊小樓美人計甘露寺回荊州。

第二日：程繼仙岳家莊，梅蘭芳王鳳卿汾河灣。楊小樓梅蘭芳長板坡。

第三日：程繼仙蕭長華連陞三級。梅蘭芳楊小樓霸王別姬。

梅蘭芳在檀香山演劇完畢後督使舞女歌舞款送留影

Mei Lan Fang in Honolulu.

梅蘭芳在日與戲劇電影界名人合影（與梅攜手者爲日名伶中村右衛門氏）

Mei Lan Fang photographed with famous Japanese actors in Japan.

十九年十一月一日　（3）　星期六　第五百四十五期

▲梅兰芳专页

▲ 梅兰芳与杨小楼合演《霸王别姬》剧照

杨宗稷（1863—1932），字时百，自号“九疑山人”，近代琴学大师，中国古琴重要门派“九疑派”创始人。现代著名古琴大师管平湖是其弟子。杨宗稷是湖南宁远县人。于1915年起在京开办了“九疑琴社”挂牌办学教琴，此后在琴史上赫赫有名的“九疑派”因此得名。他还于1911年开始在市肆上搜集古琴，既进行研究还将有缺陷古琴进行破腹修理，直至复原满意为止，同时也买卖古琴。在手中古琴经常为二十余张，而经手古琴百余张，其中有名藏琴53张。被当时的社会名流称为“民国古琴第一人”。一生主要著述有：《琴粹》四卷、《琴话》四卷、琴谱三卷、琴学随笔二卷、《琴余漫录》二卷、《琴镜》九卷等15部。《北洋画报》于1932年第726—737期，连续刊登了杨时百收藏的十张古琴的图片，虽然不清晰，但其形制各不相同，每张琴都神采奕奕，令人感叹。

▼ 琴学大师杨时百（中坐白鬚者）与其弟子在北京中山公园举行琴会第七集及其局部放大图

九疑遗琴

湘人杨时百，号九疑山人，少有文名，曾宦游各地，尤工鼓琴。师黄勉之先生，独得其衣钵，成绝学。编著琴学丛书凡三十二卷，有名于时。中年后淡于仕途，益致力于琴。客岁十二月十五日病殁平寓，易衰之日，犹抚弄不能自已！山人遗琴甚富，兹择其尤名贵者十张，陆续印刊，以公诸海内外知音者。李玄楼君著有《九疑山人杨时百先生琴事记》，详载《图画日报》，读者可以参看。（《北画》载文）

▼琴学大师杨时百收藏之古琴十张图（以下十幅图）

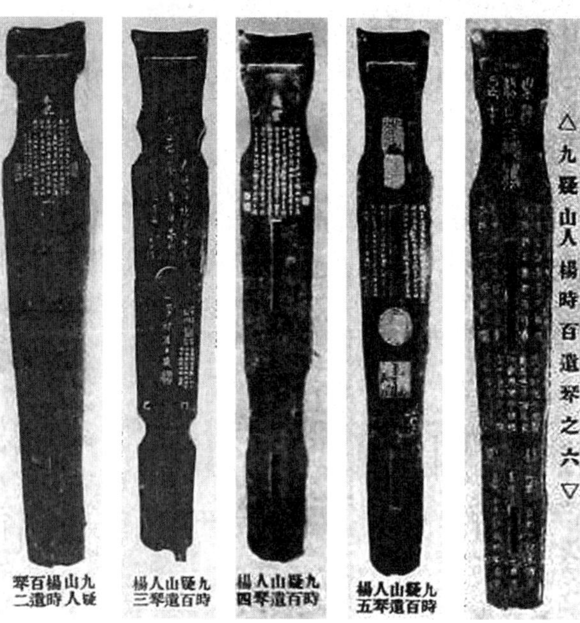

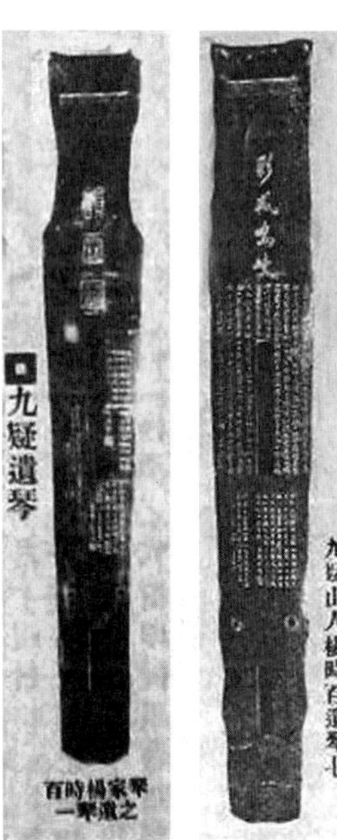

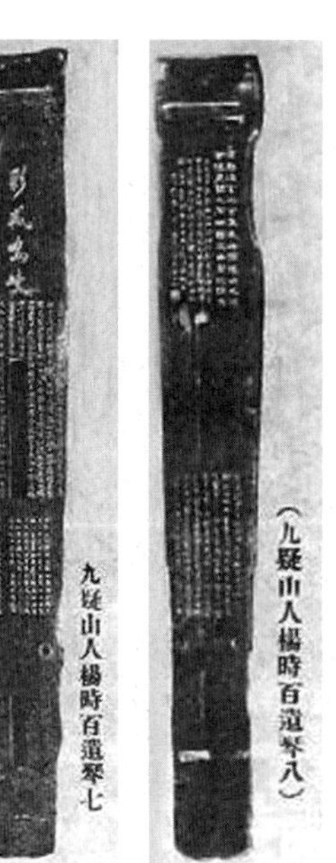

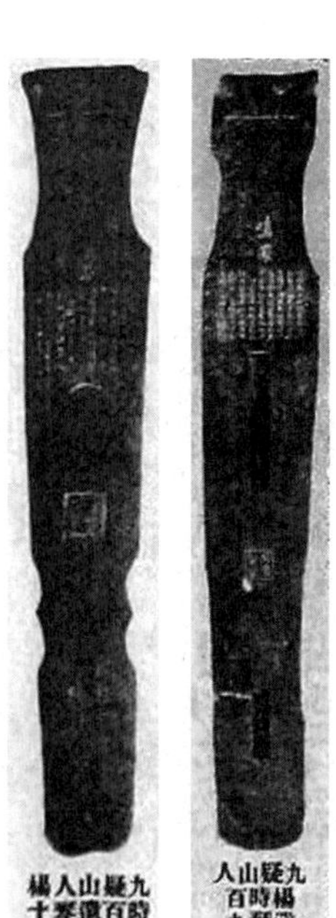

九疑山人楊時百遺琴十

九疑山人楊時百遺琴九

▶名伶李万春

▲在天津演出之广东音乐会之全体

▲在沈阳车站欢迎班禅之喇嘛音乐队

◀在香港时之梅兰芳

孟小冬（1907—1977），女，北平宛平（今北京）人，梨园世家出身，是早年京剧优秀的女老生。人称“冬皇”的孟小冬，是京剧著名老生余叔岩的弟子，余派的优秀传人之一。她的扮相威武、神气，唱腔端严厚重，坤生略无雌声。孟小冬一生坎坷，1977年在台湾去世。

▲参加天津赈灾义演之孟小冬

谭鑫培（1847.4.23—1917.5.10）著名京剧演员，主工老生，曾演武生。本名金福，字望重。因堂号英秀，人又以英秀称之。籍贯湖北黄陂（今武汉市黄陂区）。出生于武汉市江夏区（原昌县）大东门外谭左湾九夫村。其父谭志道，主工老旦兼老生。谭鑫培为其独子。

▲数十年来第一伶工谭鑫培像

▲名伶杨小楼便装照

杨小楼(1878—1938),名三元,京剧武生演员,杨派艺术的创始人。杨月楼之子,安徽怀宁人。

▼河北滦州皮影之一幕

余叔岩，男，京剧老生。湖北省罗田县人，生于北京。谱名第祺，字小云，官名叔巖，巖与岩通，巖字笔画太多，所以常用“岩”代替。余三胜之孙，余紫云之子。余叔岩在全面继承谭（鑫培）派艺术的基础上，以丰富的演唱技巧进行了较大的发展与创造，成为“新谭派”的代表人物，世称“余派”。

▶ 名伶余叔岩照

◀ 胡蝶、郑小秋主演的影片《啼笑因缘》之一幕

▲程砚秋与马连良演出《四郎探母》

▲参加广东音乐会之章遏云(封面)

章遏云，出生于1912年，籍贯上海(另一说是广东)，小名萍儿，别署珠尘馆主。幼年家贫，12岁随母到天津拜江顺仙、王庚生为师学戏，14岁登台，16岁入名师王瑶卿门下。她初搭雪艳琴班，后自行组班，20世纪30年代被誉为“四大坤旦”之一。1948年去香港，曾一度息影舞台。

1954年到台湾演出《六月雪》，十分轰动。

1958年定居台湾，被大鹏剧校聘请任教。曾赴香港、泰国等地演出，极受赞誉。

王瑶卿祖籍江苏清江，1881年（清光绪七年）农历八月初七出生于北京，京剧表演艺术家、戏曲教育家，他不仅青衣、刀马旦兼演，而且文武昆乱不挡，艺术上博大精深，他所创造的“王派”，是京剧旦角艺术的基本流派。王瑶卿享有盛名以后，首先突破了京剧界多年来的陈规旧念，把青衣、花旦、刀马旦的唱、念、做、打、舞的特点融汇起来，创出“花衫”这一行当，给京剧中的旦角开辟了广阔的新道路，同时也促进了旦角与生角并驾齐驱的发展。

20世纪30年代初，王瑶卿在中华戏曲专科学校任教。解放后，担任中国戏曲学校的校长，为京剧培养了众多的人才。他打破不收女弟子的陈规。另外，四大名旦也都曾在他的门下受业。

▲王瑶卿与名票郭少忱

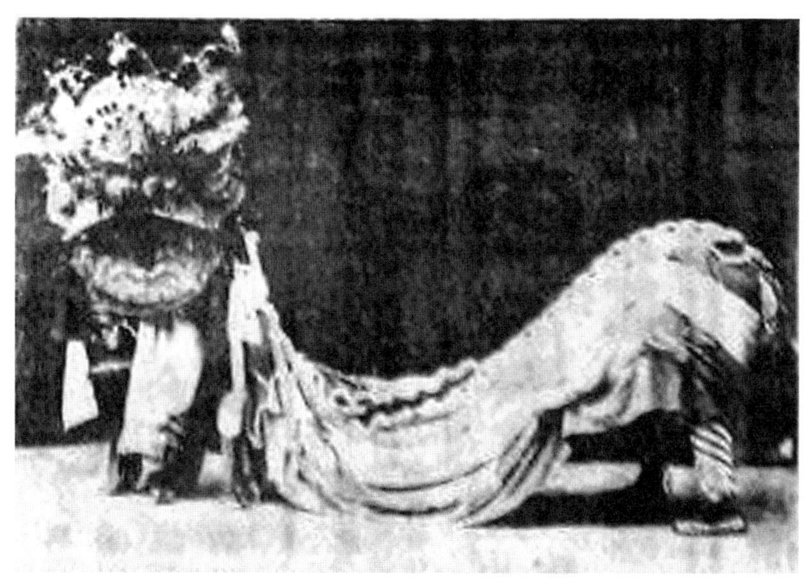

▲在天津上演之《醒狮舞》

▲新疆风情之一：乡间夫妇弹唱者

▼在北京演出之《啼笑因缘》

白云生，昆曲表演艺术家，生于1902年，卒于1972年，祖籍河北白洋淀。幼年在高阳昆曲班学艺。初习旦角，后改习小生。曾与韩世昌合作多年。1930年拜程继先为师习京剧小生，并随陈喜才习武功。曾与梅兰芳、韩世昌合作演出《游园惊梦》。

马祥麟（1913—1994），戏曲编导。直隶（今河北）高阳人。幼年随父学昆剧。工旦。13岁登台。后在京津一带演出。1928年赴日本演出。建国后，任中央戏剧学院舞蹈团教员、编导、副院长。擅演剧目有《牡丹亭》《文成公主》。编导民间舞《生产大歌舞》《荷花舞》等。

▶ 在北京演出之昆弋班名伶白云生与马祥麟

朱璽珍，她少年拜盲艺人于秀山为师学唱东北大鼓。九岁登台演出，因而被称为“九岁红”。演唱时，经常扎一条小辫，因而被称为“朱小辫”。当时的《盛京时报》评论她是：“年仅十余岁，会曲三十之多，三国段常唱，子弟书通熟。”她是继刘问霞之后，又一杰出的东北大鼓演员。朱玺珍擅长演唱子弟书段《黛玉望月》《双玉听琴》《黛玉悲秋》等，她的艺术特色是：嗓音洪而不放，高而不爆，低而不糜，细而不涩。腔调则尽而不滞，速而不迫，抑扬得法，顿挫咸宜，被称为“东北大鼓鼓皇”。1931年后曾到天津演出，经鼓王刘宝全指点，书艺大有长进，在唱腔上，吸收了京韵大鼓和河南坠子的曲调，丰富了东北大鼓音乐。20世纪30年代，胜利唱片公司曾把她的《芈建游宫》《宝玉探病》《黛玉葬花》等灌制唱片，中华人民共和国成立后，人民唱片社进行了复制。

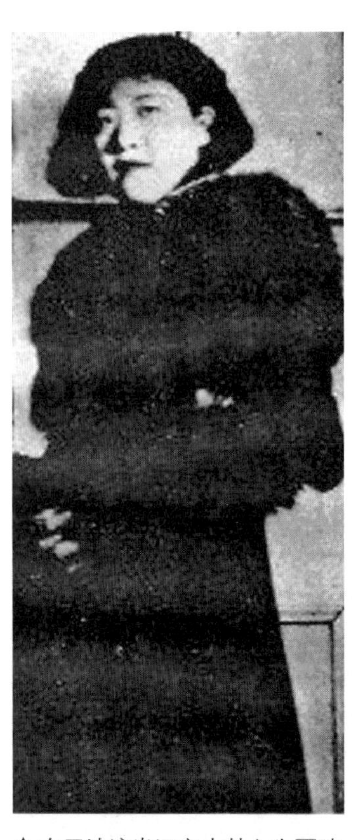

▲在天津演出辽宁大鼓之朱璽珍

▲刘叔度夫人刘淑娥居家习琴

▲著名小生俞振飞剧照

俞振飞（1902.7.15—1993.7.17），男，光绪二十八年壬寅日生，名远威，字涤盦，号箴非，原籍江苏松江（今属上海市），生于苏州义巷。京剧、昆曲表演艺术家，工小生。1993年7月17日（农历癸酉年五月廿八日）在上海逝世，享年92岁。

新凤霞（1927.1.26—1998.4.12），原名杨淑敏，小名杨小凤，天津人。13岁学评剧，十五六岁开始任主演。经过长期的艺术实践，杨淑敏逐渐形成独具特色的“新派唱腔”，尤以流利的花腔——“疙瘩腔”著称。擅演剧目有：《刘巧儿》《花为媒》《杨三姐告状》《金沙江畔》《志愿军的未婚妻》《会计姑娘》《祥林嫂》等。在“文革”中，杨淑敏因惨遭迫害而留下残疾，离开评剧舞台后的杨淑敏，在丈夫吴祖光的鼓励下，开始坚持写作和绘画。

▲在北京每周广播大鼓之新凤霞（右）和凤云

◀鼓界大王刘宝全

刘宝全(1869—1942),男,京韵大鼓演员,刘派京韵大鼓创始人。曾用名刘顺全,字毅民,河北省深县人。他7岁入私塾,读书之余,喜欢听戏和学着唱戏。9岁时,举家流落到河北关上。父亲刘能靠扎纸活、制冥衣为生,常向木板大鼓艺人王庆和学唱。刘宝全耳濡目染,也爱上了木板大鼓。为了生计,父子一起卖艺,父亲演唱,他弹三弦伴奏,慢慢地自己也学会了演唱。15岁在天津拜名家宋五(宋玉昆)为师,继续学唱木板大鼓,又向琵琶名家陆文奎学弹琵琶。宋五死后,他的嗓音"倒仓"时不能演唱,就为木板大鼓名家胡十(胡金堂)和霍明亮伴奏,在艺术上得到了宋五的弦师韩永忠的指导,18岁时,随韩永忠到北京,在庙会上、堂会上以及王广福斜街的乐户中唱木板大鼓(北京人俗称"怯大鼓")。

清朝末年(1908年左右),天津北门外天泉茶楼经理回斗银邀刘宝全去天津演唱,由韩永禄任弦师。为配合他的演唱,弦师革新了伴奏乐器,韩永禄改中三弦为大三弦,霍连仲改影调使用的四胡为预筒四胡,使伴奏、演唱相得益彰。

清宣统二年(1910),刘宝全再到天津,在四海升平茶园登台演唱,获得很高声誉。民国四年(1915)刘宝全成立了"宝全堂艺曲改良杂技社",往返于京、津两地演出,在杂耍园子里的节目场次上取代了单弦牌子曲而跃居"攒底"地位。这一时期,他还结识了文人庄荫棠,在庄荫棠的帮助下修订了《白帝城》《活捉三郎》《徐母骂曹》等大鼓书词,丰富了演唱曲目,经过数年用心钻研,终于在以乡音演唱的河间木板大鼓的基础上,脱胎出京韵大鼓的规模。同时他还截长篇为短篇,融抒情于叙事,使京韵大鼓这一鼓曲形式逐渐完善。自百代公司光绪三十四年(1908)为他灌制头张唱片《八喜·八爱》之后,到20世纪20年代初,百代公司、高亭公司已发行了他的十多张唱片。此后,在北京、天津、上海、南京、汉口、济南等地演唱不缀,1920年,博得了"鼓界大王"的美称。至20世纪30年代初,他在艺术上达到炉火纯青的程度,形成京韵大鼓的主要艺术流派——"刘派"。

晚年的刘宝全饱受旧社会摧残,生活落魄至极。1942年,刘宝全在北京吉祥戏院演完了《双玉听琴》之后,一病不起,不久就去世了,享年73岁。

▲莲花落演员张素芬

▲河南坠子演员姚俊英

▲靠山调演员姜二顺

姚俊英，著名河南坠子演员。姚长得“眉目如画，长辫委地”，她的演唱被称为“是地道的河南滋味，唱一句弦儿跟一句的音韵，令人听了真有绕耳三日不断的妙趣”。她演唱的曲目有《小黑牛》《刘二姐拴娃娃》《许仙游湖》《黛玉悲秋》等。姚俊英的成功还有赖于她在装扮方面的改革。她紧随时尚，身上穿的是线条优美的旗袍，头上梳条大辫子，看起来让人赏心悦目。

1934年北京《箴报》举办过一次鼓选，姚俊英被选为“华北三艳”。新中国成立后，于1952年3月曾随北京曲艺界第二届“中国人民赴朝慰问团”，到朝鲜前线慰问演出。

姜二顺（1911—1979），天津人。幼随其姑大金翠学唱时调，11岁登台，20世纪三四十年代蜚声津门曲坛。她得秦翠红指点，效仿秦之唱腔极有似处，且兼有高五姑的特点。她嗓音雄浑、宽厚，尤以靠山调见长。20世纪40年代中期一度辍演，1947年9月重新登台。1958年在红桥区曲艺团演出，并在少年训练队教学。她积极参与发掘的时调传统曲调和曲目有《新五更》《戏丫环》《值千金》，曾演出传统曲目《七月七》《七月十五》《后续五更》等。1962年举办的第一届“津门曲荟”时调专场，她上演了传统曲目《琴棋书画》。她曾向时调演员张雅丽授艺。1966年红桥区曲艺团解体，她从此脱离舞台。她演唱的时调最受观众欢迎的曲目有《下盘棋》《要婆婆》《叹五更》《喜荣归》等十余段。

巩玉屏，著名河南坠子演员。

◀河南坠子演员巩玉屏

◀天津皇会中游行之两组秧歌图

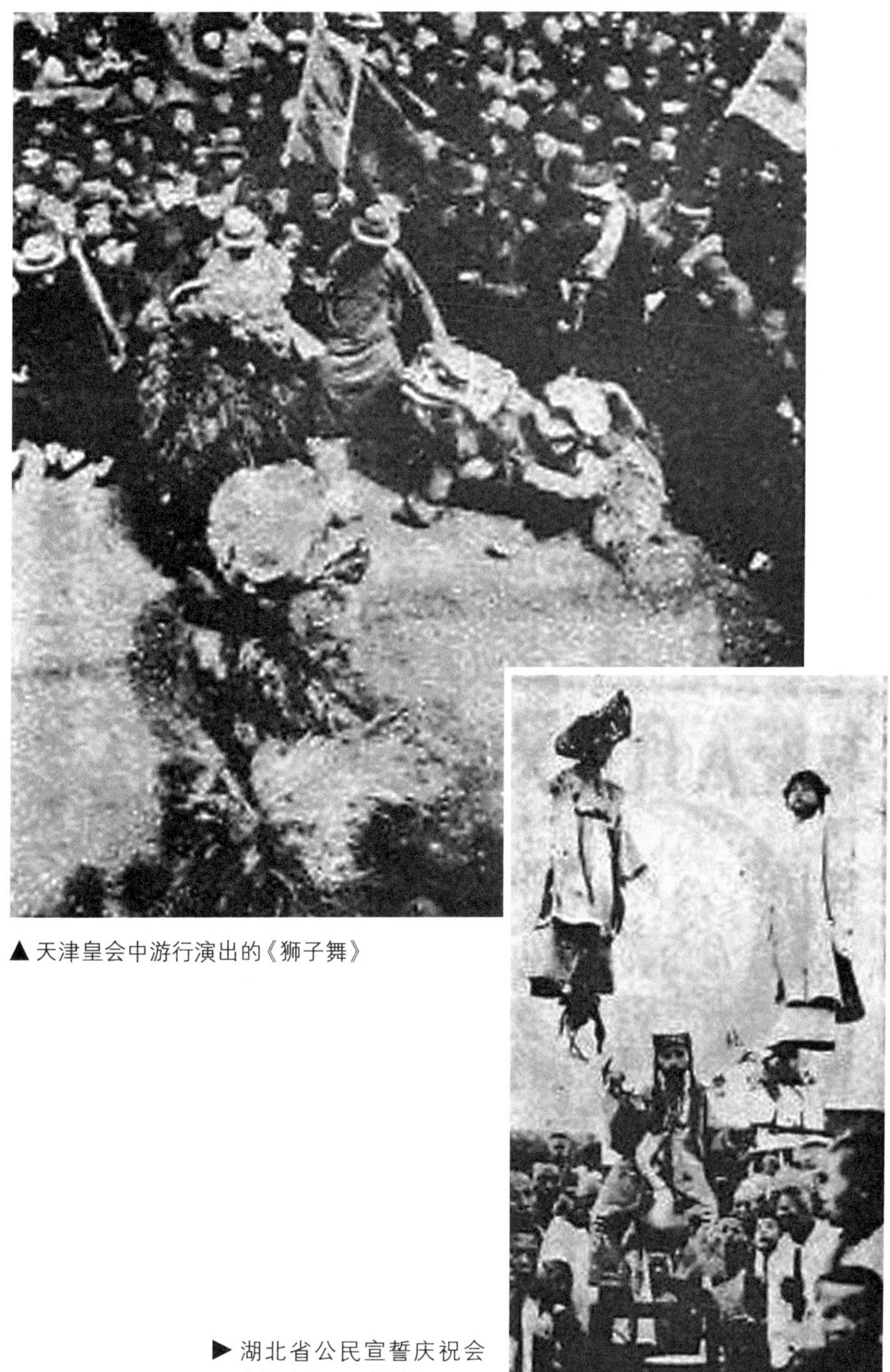

▲天津皇会中游行演出的《狮子舞》

▶湖北省公民宣誓庆祝会民众扮演之“三鹤阵”

◀名琴师杨宝忠

杨宝忠，男，京剧老生、琴师，艺名小小朵。生于梨园世家，祖父杨朵仙是与梅兰芳祖父梅巧玲同时的著名花旦，父亲杨小朵为清末民初的著名演员，亦工花旦。

在家庭的熏染下，他自幼习艺，师从张春彦、鲍吉祥等老前辈工须生，又随钱金福、许德义等武净宗师习武功，后经陈秀华教习，21岁拜余叔岩为师，为其大弟子，颇得真传。他演的《击鼓骂曹》《南阳关》两出，后世尊为经典，《击鼓骂曹》中间一段鼓套子最为拿手。后倒仓辍演，改从父学京胡。梨园行里的规矩改行另拜师，于是拜场面前辈锡子刚先生，与王瑞芝、钟德扬同列门下。

杨宝忠是余门弟子，深知余派之奥妙，操琴后即被马连良所邀为其操琴，深为其所倚重，二人合作默契，共同研究马派唱腔。抗战开始，扶风社境况不佳，马连良先生为缩减戏社支出，才起用了后起之秀李慕良。杨宝忠离开扶风社，就一心扶佐堂弟杨宝森。杨派艺术是杨宝森、杨宝忠、杭子和三位艺术家共同的结晶，三人的组合为梨园行内所称道。

建国后任职于天津京剧团、天津戏曲学校。

杨宝忠能戏很多，腹笥渊博，熟知戏理，又善察演员心理，对其发声、吐字、气口、韵味了如指掌，故其伴奏与演唱者配合默契，托唱传情、悦耳动听。杨先生深知乐理，他在《空城计》西皮慢板“我本是卧龙岗散淡的人”之后的花过门，每每演出，必赢得喝彩声。在《击鼓骂曹》中创编的鼓套子，和曲牌《夜深沉》天衣无缝的结合，使剧中人物弥衡的忿、怒、哀、怨表现得酣畅淋漓。杨先生弟子很多，如李慕良、黄金陆、王鹤文、万瑞兴、燕守平等。

“文化大革命”期间，杨宝忠以“反动权威”屡遭批斗、折磨。时杨已年近古稀，并患肺结核及胃溃疡宿疾，1967年12月28日被揪斗后，投入暗室，病体衰惫，入夜饥寒而死。

▶梅兰芳与理论家齐如山

◀驻北京29军士兵庆祝春节之“秧歌会”（上）和“小车会”（下）

齐如山（1875—1962），戏曲理论家。早年留学欧洲，曾涉猎外国戏剧。归国后致力于戏曲工作，一时没有找到合适的主要演员，当遇到梅兰芳看他天才与勤奋，遂决心帮助梅并为其编剧。

1912年在北京经常为梅兰芳的表演及剧本提出修改意见。1916、1917年以后的二十多年来，与李世戡等为梅兰芳编排剧，齐为梅编创的时装、古装戏及改编的传统戏有二十余出。梅的几次出国演出，齐都协助策划，并随同出访日本与美国。1931年与梅兰芳、余叔岩等人组成北平国剧学会，并建立国剧传习所，从事戏曲教育。编辑出版了《戏剧丛刊》《国剧画报》，搜集了许多珍贵戏曲史料。1979年12月又由台湾联经出版公司再版《齐如山全集》共10集行世。

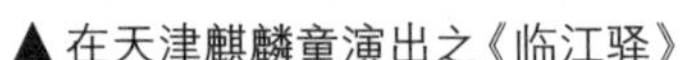

▲在天津麒麟童演出之《临江驿》

▲马连良演出之《借东风》鲁肃

周信芳（1895—1975），中国京剧表演艺术家，周信芳艺名麒麟童，工老生，名士楚，字信芳。浙江慈城人，1895年1月14日生于江苏清江浦（今淮安市清浦区）。父周慰堂、母许桂仙均为春仙班演员。1956年，率上海京剧院访苏演出团赴苏联莫斯科、列宁格勒等城市演出。1959年加入中国共产党。1975年3月8日逝世。

马连良（1901.2.28—1966.12.16），回名尤素福，原籍陕西扶风，生于北京，字温如。中国著名京剧艺术家，老生行当的代表性人物之一，"马派"艺术创始人，京剧"四大须生"之首，民国时期京剧三大家之一，扶风社的招牌人物。代表剧目有《借东风》《甘露寺》《青风亭》《四进士》《失空斩》等。父马西园与著名京剧演员谭小培熟识，三叔马昆山在上海唱戏，家庭的熏陶，使马连良从小热爱京剧艺术。9岁入北京喜连成科班，23岁自行组班，发展成为独树一帜的"马派"表演风格，自1920年代至1960年代盛行不衰。20世纪，他与余叔岩、高庆奎、言菊朋并称前"四大须生"；后三人去世，他又与谭富英、奚啸伯、杨宝森并称后"四大须生"。1931年马连良在天津与周信芳同台演出，因他们技艺精湛，各具风采，被誉为"南麒北马"。1966年"文化大革命"时期，因主演《海瑞罢官》而被迫害致死。

本辑图片出处目录索引

在天津演出之广东音乐会之全体	1930–470
在沈阳车站欢迎班禅之喇嘛音乐队	1931–612
在香港时之梅兰芳	1931–646
参加天津赈灾义演之孟小冬	1931–678
△已故名伶谭鑫培《鱼肠剑》戏装画像	1931–702
名伶杨小楼便装照	1931–702
河北滦州皮影之一幕	1932–716
琴学大师杨时百收藏之古琴十张图（以下十幅图）	1932–726
名伶余叔岩照	1932–747
胡蝶、郑小秋主演的影片《啼笑因缘》之一幕	1932–760
程砚秋与马连良演出《四郎探母》	1932–760
参加广东音乐会之章遏雲（封面）	1932–764
王瑶卿与名票郭少忱	1932–838
在天津上演之《醒狮舞》	1932–862
新疆风情之一：乡间夫妇弹唱者	1933–953
在北京演出之《啼笑因缘》	1933–959
在北京演出之昆弋班名伶白云生与马祥麟	1933–989
在北京物产展览会上的新品：中国乐器	1935–1236
在天津演出辽宁大鼓之朱璽珍	1935–1295
著名小生俞振飞剧照	1935–1308
在北京每周广播大鼓之新凤霞（右）和凤云	1935–1311
刘叔度夫人刘淑娥居家习琴	1935–1332
鼓界大王刘宝全	1936–1353
莲花落演员张素芬	1936–1353
河南坠子演员姚俊英	1936–1353
△河南坠子演员巩玉屏	1936–1353
靠山调演员姜二顺	1936–1353
河南坠子演员巩玉屏	1936–1353
天津皇会中游行之两组秧歌图	1936–1384
天津皇会中游行演出的《狮子舞》	1936–1387
湖北省公民宣誓庆祝会民众扮演之“三鹤阵”	1936–1437
名琴师杨宝忠	1936–1439
梅兰芳与理论家齐如山	1936–1460
驻北京29军士兵庆祝春节之“秧歌会”（上）和“小车会”（下）	1937–1518
在天津麒麟童演出之《临江驿》	1937–1552
马连良演出之《借东风》中鲁肃	1937–1585

北洋画报

图说乐·人·事

第六辑

音　乐　家

《北洋画报》发表的音乐家的图片，包括中外音乐家。其中有的音乐家的图片也是很难得的，如王光祈的画像，是著名画家徐悲鸿绘制的。但是有很多音乐家在当时或是很著名的，现在确很难查到相关的材料。有的只有文章却无图片，如刘天华。还有关于在1927年纪念贝多芬百年祭，旅居德国法兰克福的中国学院演出的图片，殊为难得。

▲音乐家杨仲子

杨仲子于1885年生于南京。他幼承家学，熟读诗书，有较深的中国古典文学根底。1901年考入南京江南格致书院，三年后在该院毕业，便出国留学，入法国贡德省大学理学院，同时自学音乐理论和钢琴。1910年毕业，并获士鲁斯大学理学院化学工程师证书。同年，考入日内瓦音乐学院，主修钢琴和音乐理论。其间，曾在伯尔尼大学音乐会上，演奏他所创作的乐曲《反对战争者之呼声》，表达了他对当时正进行的第一次世界大战的憎恶之情。1918年回国，他响应蔡元培提出的“以美育代宗教”的号召，入北京大学，致力于艺术教育事业。1920年，与萧友梅一起主持北京女子高等师范学校音乐体育专修科，并先后在北京大学文理学院、京师女子大学二部音乐系、北京女子文理学院等校任教授。1927年，北洋政府强令取消北京各院校的音乐系，他愤然在国乐改进社的《音乐杂志》上撰文《质疑》，向军阀政府提出抗议和呼吁。1932年，就任北平艺术学院院长。1937年，日军侵占北平，他被迫离职避居。1938年起，在重庆历任国立女子师范学院教授、国立音乐院院长、教育部音乐教育委员会主任等职。1947年在南京任全国音乐学会理事长、礼乐馆编纂、国立戏剧专科学校教务主任兼教授等职。中华人民共和国成立后，在江苏省文史研究馆任职。1962年1月20日病逝于南京。

杨仲子知识渊博，多才多艺，还兼学文学、诗歌，尤其爱好篆刻及书法。早在20世纪20年代，他的篆刻就与齐白石齐名。徐悲鸿称他是“以占卜文字入印的第一人”。最让人们记得他的是，1936年齐尔品访问中国，并到北京。杨仲子为齐尔品制印三方，传为两国音乐家友好的佳话。右图即《北洋画报》同时发表的杨仲子的甲骨文书法：“好为小文以自遣，乐夫天命复奚疑”。在《北洋画报》刊发上述二图的同时，还刊有以“聊”署名的文字《记吾友杨仲子》，无不具有史料价值。

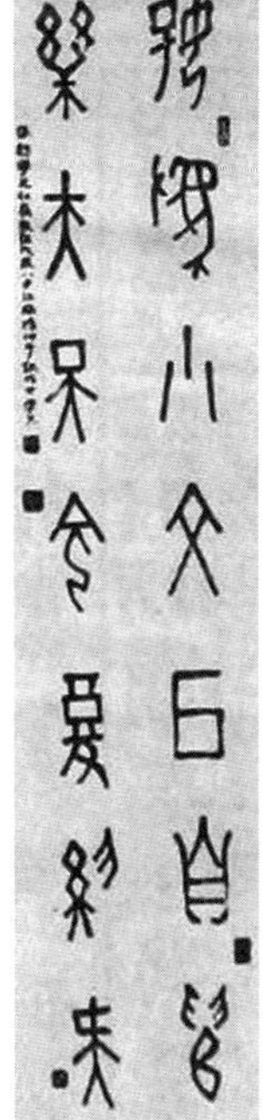

◀杨仲子的甲骨文书法：好为小文以自遣，乐夫天命复奚疑。

▲国乐家刘天华（此图片为编者所加）

音樂家劉天華之死（上） 聊。

北平名音樂家劉天華，於本月八日因患猩紅熱逝世。劉現任北平大學，北平大學女子文理學院，藝術學院音樂教授。爲劉半農博士之弟。擅長琵琶與二胡，兼擅西洋小提琴。因其貫通中西樂器，故於改革國樂方面，頗有貢獻。去年應美國勝利公司之邀，曾灌二胡兩片。一名「病中吟」，一名「空山鳥語」。琵琶提琴，則皆未曾灌片。劉現年只卅八。美國某樂社本擬請其赴美演奏，初不意其竟以一週之疾，而遽亡也！據劉之友人言，劉氏之死，因爲猩紅熱，但與其學生亦不無關係。時爲劉逝世之前一週，其某學院之學生，因爭使彼氣憤異常，歸後病倒作。經醫斷爲猩紅熱，注射血清後，三日經過良好。但至第四日，忽從發狂，高呼「你們學生對不起我，沒有你們，我不至於病得這樣。」是合將都之各名醫，如克利，養慈，靈會商，亦皆認爲會償。又論三日，此音樂家遂離開人世矣。劉數年授課，收入不爲不豐。但政府屢屢欠薪，以致劉身後仍極蕭條，現其妻孥所能得之遺產，只彼生前所保之壽險五千元而已。政府欠薪達逾萬，但恐無希望索得也。（未完）

白理安古檜樓恆別業（左上）及白氏村居華
釣□影（左下）及泉書
女士悼白氏詩稿
。紅葉山人寄贈。

音樂家劉天華之死（下） 聊。

劉有二子一女，最小者尚在襁褓中。最大者亦只十六，在孔德初中肄業。劉逝世後，由家族會商，決定舊都生活程度較高，劉夫人當即攜其子女返鄉，維持其清苦之生活。劉之遺物中，有二胡一，琵琶一（棠棣作），皆極可寶。外有西洋小提琴一，價亦在數百元上，爲劉半農代彼所購者。現其友人爲紀念彼於國樂方面之貢獻，擬將其樂器交北平圖書館保存。劉半農則主交午門歷史博物館保存。劉夫人則欲保存於家，一留手澤。至今未決也。劉生前對音樂極努力。從舊都中有小提琴第一之號之俄人托諾夫習提琴，十餘年未嘗間斷。爲梅蘭芳寫鑼鼓譜，死前一週，猶赴梅處親寫焉。劉自譜之曲，有前述之「病中吟」，「空山鳥語」等，惜不太多。著作方面，除於梅赴美時代梅作有歌舞譜外，在彼所辦之音樂雜誌中，亦有若干。現將由其至友藝術學院院長楊仲子等，代爲整理云。

音乐家刘天华之死（上）　聊

北平名音乐家刘天华，于本月八日因染猩红热逝世。刘现任北平大学，北平大学女子文理学院，艺术学院音乐教授。为刘半农博士之弟。擅长琵琶与二胡兼擅西洋小提琴，因其贯通中西乐器，故于改革国乐方面，颇有贡献。去岁应美国胜利公司之邀，曾灌二胡两片。一名《病中吟》。一名《空山鸟语》。琵琶提琴，则皆未曾灌片。刘现年只三十八，美国某乐社本拟请其赴美演奏，初不意其竟以一周之疾，而暴亡也！据刘之至友言，刘氏之死，固为猩红热，但与其学生亦不无关系。时为刘逝世之前一周，其某学院之学生，因争使彼气愤异常，归后病即作。经医断为猩红热，注射血清后，三日经过良好。但至第四日，忽竟发狂。高呼“你们学生对不起我，没有你们我不至于病得这样”。集合旧都之各名医，如克利，裴慈辈会商，亦皆认为无望。又愈三日，此音乐家遂离开人世矣。

刘数年授课，收入不为不丰。但政府屡屡欠薪，以致刘身后极萧条，现其妻孥所能得之遗产，只彼生前所保之寿险五千元而已。政府欠薪虽逾万，但恐毫无希望获得也。

音乐家刘天华之死（下）　聊

刘有二子一女，最小者尚在襁褓中，最大者亦只十六，在孔德初中肄业。刘逝世由家族会商，决定旧都生活程度较高，刘夫人当即携其子女返乡，维持其清苦之生活。

刘之遗物中，有二胡一，琵琶一（紫檀作），皆极可宝。外有西洋小提琴一，价亦在数百元上，为刘半农代彼所购者。现其友人为纪念彼于国乐方面之贡献，拟将其乐器交北平图书馆保存，刘半农则主交午门历史博物馆保存。刘夫人则欲保存于家，一留手泽，至今未决也。

刘生前对音乐极努力。从旧都中有小提琴第一号之俄人托诺夫习提琴，十余年未尝间断。为梅兰芳写锣鼓谱，死前一周，尤赴梅处亲写焉。

刘自谱之曲，有前述之《病中吟》《空山鸟语》等，惜不太多，著作方面，除于梅赴美时代梅作有歌舞谱外，在彼所办之音乐杂志中，亦有若干，现将由其至友艺术学院院长杨仲子等，代为整理云。

▲音乐学家王光祈

王光祈1892年8月15日生于四川温江，1936年1月12日病逝于德国波恩。1908年进成都高等学堂分设的中学堂，1912年毕业。1914年到北京，入中国大学攻读法律，同时任职于清史馆，并先后担任成都《四川群报》驻京记者和北京《京华日报》编辑。1918年与李大钊、曾琦等发起组织“少年中国学会”，在翌年7月1日的成立大会上，被推为该会执行部主任。同年底，在陈独秀、蔡元培、李大钊等支持下，又创建“工读互助团”。

1908年进成都高等学堂分设的中学堂，1912年毕业。1914年到北京，入中国大学攻读法律，同时任职于清史馆，并先后担任成都《四川群报》驻京记者和北京《京华日报》编辑。

1915年秋天，王光祈考入北京中国大学专门部学习法律。当时，他寓居北池子一间狭小简陋的小屋，过着半工半读的艰苦生活，课余兼任成都《群报》（后改名为《川报》）的驻京记者。也正是借着这个机缘，王光祈结识了李大钊，当时李大钊正主编《晨钟报》副刊，他们一见如故。李大钊对王光祈非常欣赏：“光祈是一个能想、能行的青年，极有志气。”

1918年与李大钊、曾琦等发起组织“少年中国学会”，在翌年7月1日的成立大会上，被推为该会执行部主任。同年底，在陈独秀、蔡元培、李大钊等支持下，又创建“工读互助团”。

1920年赴德国留学，先学德文和政治经济学，并兼任《申报》《时事新报》和北京《晨报》的驻德特约记者。1922年起改学音乐，在柏林从私人教师学小提琴和音乐理论，1927年入柏林大学攻读音乐学，师从E. M. von 霍恩博斯特尔、A. 舍尔林、H. 沃尔夫和C. 萨克斯等教授，1932年起任波恩大学中文讲师。1934年以论文《中国古代之歌剧》（今译《论中国古典歌剧》）获波恩大学博士学位。

王光祈于1936年1月12日病逝于德国波恩。王光祈去世后，消息传到国内。当时南京国民政府教育总长蔡元培的决定，于3月15日开追悼会以纪念王光祈。蔡元培在致词中高度评价王光祈的宏富的理论成就后，说王光祈的逝世“真是不幸之至！”这幅画像就是徐悲鸿为追悼会而绘制的。遗憾的是画像上的题款模糊不清，而且至今也不知道在何处收藏。而《北洋画报》于1936年3月21日第1376期刊发这幅图片。

▶ 聂耳追悼会——上海各界举行青年作曲家聂耳追悼会。上为在金城戏院追悼会的横幅“小天使–聂耳先生追悼会”。下右为女学生唱挽歌；下左为小影星陈素娟演唱聂耳之遗作《小野猫》。

◀黎锦晖

黎锦晖是我国近现代音乐史的作曲家。他生前背了很多骂名，然而他依然赤心不改地为大众创作音乐作品。

黎锦晖（1891—1967），20世纪近代专业音乐创作儿童歌舞音乐代表人物和作曲家。湖南湘潭人，早年广泛接触民间音乐，学习各种民族乐器演奏。1912年毕业于长沙高等师范学校。1916年曾参加北京大学音乐团的活动，1920年至1927年在上海任中华书局编辑所国语文学部部长和国语专修学校校长，并主编《小朋友》周刊，还创办了中华歌舞专门学校，为改革普通学校音乐教育和推广国语，做出了突出的贡献。

20世纪20年代起，开始儿童歌舞音乐的创作，先后写下了《麻雀与小孩》《小小画家》等12部儿童歌舞剧及《可怜的秋香》《好朋友来了》等24首儿童歌舞表演曲。他的作品大都自编剧本和歌词，音乐语言通俗易懂，简洁明快，并具有浓郁的民族风格，在不同程度上反映了“五四”运动所倡导的科学与民主的精神。作于1928年的《小小画家》嘲讽封建读经教育，夺抑儿童天性，宣传了因材施教的思想，其歌舞剧制作在音乐的性格化与戏剧化方面进行了有益的探索。同时他还是“时代曲”——即通俗歌曲创作的鼻祖。抗日战争时期，黎锦晖创作了大量的爱国歌曲，满腔热情地宣传抗日。中华人民共和国建立后，一直在上海电影制片厂从事作曲工作。

曹安和(1905—2004),女,民族音乐学家,江苏无锡人。1919—1924年在无锡竞志女中读书时,课余向其表兄杨荫浏学昆曲、琵琶、笛。并从师吴畹卿学昆曲。1929年毕业于北京大学女子文理学院音乐系,后留校任教。1943年任南京音乐学院教授。中华人民共和国成立后,历任中央音乐学院教授,中国音乐研究所研究员、研究室主任,中国艺术研究院音乐研究所顾问。长期从事我国传统音乐研究和琵琶、昆曲的演唱、演奏与教学,为崇明派琵琶演奏家。曾在北京古琴研究会工作过。著有《时薰室琵琶指径》《民族器乐独奏曲选》,与杨荫浏合编的有《瞎子阿炳曲集》《定县子位村管弦曲集》《苏南十番鼓曲》《关汉卿戏曲乐谱》《西厢记四种乐谱选曲》,与简其华译谱《弦索十三套》,与杨荫浏、文彦整理《单弦牌子曲选集》,与李廷松合编琵琶谱《浔阳夜月》等;论文主要有《琵琶柱位定法》《关于琵琶的问答》《民族音乐家刘天华》《我国古代乐谱简介》《杨荫浏与音律》《杨荫浏与音乐史》等论文二十余篇。

▶ 青年曹安和1929年于北京大学女子文理学院音乐系毕业时留影。

记王人艺　秋尘

王人艺，湘人，为明月歌剧社乐队之中坚。善奏提琴，西洋各曲无不能。勤习不倦，每日早起宜静，手不离弦，琤琤琮琮，怡然自乐，无他嗜，尝谓一琴在抱，无异爱人，小弦切切，正如私语，人笑其痴。习琴甫三年，而技已惊人。明月乐队为人所称，而称明月乐队者又无不首推人艺。人艺绘正谱极精美，黎锦晖所著各曲谱，皆出其手。年仅十八，王人美其姐也。兄人路，颇有文名。（北画记者）

▲青年王人艺

王人艺（1912—1985），著名音乐家，原名王人蒸，湖南知名教育家、毛泽东主席授业恩师王正权之子，著名电影表演艺术家王人美胞兄，原籍湖南浏阳大瑶，出生于湖南长沙城内的“李氏芋园”，15岁时与妹妹王人美前往上海，并一起加入黎锦晖创办的明月歌舞社，黎锦晖替他改名为王人艺，并拜奥地利提琴家普渡世卡为师专攻小提琴，小提琴演奏技艺有很大提高。后又随上海工部局乐队中提琴首席奥地利人普渡世卡进一步学习，也正是在这个阶段，聂耳到上海后，王人艺经常指导他学习琴艺，担任了聂耳的小提琴教师，后来成为最早与上海工部局乐团合作演出的本土培养的小提琴家。抗战爆发以后，在重庆又担任中华交响乐团、国立音乐院管弦乐团的指挥、首席。

1935年10月，王人艺作为第一位具有本土学历的小提琴家，与当时全部由外国乐师组成的上海工部局交响乐团合作演奏了维尼亚夫斯基《第二小提琴协奏曲》。中华人民共和国成立后，他在上海音乐学院及附中、附小教学长达36年直至去世。一生培养了周文中、朱工七、陈家华、王建修、廖东青、潘世炎、秦淑兰、王家阳、马崇玉、沈西蒂、盛中华、孙承骅、潘寅林、陈新之、周尊贤、陆蒙达、钱舟、孙毅等一大批优秀华人音乐家。

2005年12月15日，在上海的贺绿汀音乐厅内弦乐声声，“纪念王人艺逝世20周年音乐会”在这里举行。来自上海、北京、悉尼、新加坡、巴黎、中国香港等地的演奏家先后登台，他们中的绝大多数人是当年王人艺面授过的学生。

▲青年严折西

严折西于1909年2月出生在安徽歙县一个平民家庭。祖父曾在浙江桐庐做过官，父亲严工上早年在歙县新安中学教英文，后来改行从事电影表演和音乐创作，被誉为“中国流行歌曲五人帮”之一。严折西就读于上海尚工小学，后来升入光华中学。他从小受到父亲的影响，对音乐绘画有特殊的爱好，加之父亲的帮助，进步很快。1926年，就开始为商务印书馆出版的《小说月刊》设计封面，创作插图。又任职于富华公司画广告，参与了中华歌舞学校乐队的演奏。同年与“四大天王”之一的薛玲仙成婚。1927年4月，北伐军打到上海。严折西任职于国民革命军政治部宣传处书画股，中尉军衔。1928年，在黎氏中华歌舞团乐队任演奏。同年10月，随团赴菲律宾、印尼、新加坡、马来亚巡回演出，任乐师及男演员，影响极大，成为当年歌舞界的一件大事。1929年10月，回到上海，严折西任职环球广告公司美术部主任。为黎氏出版歌谱，绘制封面。年底参加了黎锦晖等人组织的北平明月歌剧社乐队在华北各地演出。1930年，返回上海后，明月社改组为联华歌舞班，严折西任教务主任兼舞台美术等职，作为招考官，聂耳、严华等就是这年被招进联华歌舞班的。这年进入联华歌舞班的还有周璇。严折西为这个哺育中国近代文艺人才的摇篮付出心血。同年严折西编导了第一部用蜡盘配音的有声歌舞短片《新婚之夜》。同时担任联华歌舞班《明月》期刊的美术编辑。也开始创作漫画。1932年底，严折西返回文艺昌盛的上海专门从事音乐工作。　1939年，严折西在黎锦光的介绍下，加入百代唱片公司音乐部工作，从此开始了专业的电影音乐创作，并为电影歌曲伴奏。《香妃》《赛金花》等片子的作曲、配音就是由他负责的。20世纪40年代初，严折西在英商百代唱片公司任灌音部主任，又兼大中华、胜利唱片公司特约作曲家。抗战胜利后，严折西的时代曲创作开始一发不可收，从1945年到1950年代初，他的歌已查到近百首，且有一批名曲问世。《人隔万重山》《两条路上》《许我向你看》《夜莺曲》《断肠红》《贺新年》……在中国流行歌曲创作、传播的第三次高峰期，严折西作品的数量超过其他作曲家，表现手法更加现代，佳作迭出，贡献巨大。此外，在这一时期，严折西还创作了6首电影歌曲，其中有3首是名曲——《知音何处寻》《别走得那么快》，特别是《如果没有你》，白光生前最喜欢这首歌。解放后，严折西曾从事戏曲和音乐方面工作。1951年，任职于芳华越剧团时，他编导了《红花处处开》一剧，由尹桂芳主演参加了市戏剧改革处的春节节目竞赛演出获三等奖。1966年，文革开始被打成反革命，直至文革结束平反。1983年5月，被聘为上海市文史研究馆馆员。1993年12月31日午夜，严折西先生因罹患脑萎缩及肺炎在上海病逝，享年85岁。

邓敬言，四川人，生平不详。民国时期我国四大经济学家方显廷的第三任妻子。方出生于1903年。在方显廷的“自传”中，说邓敬言是他的第三任妻子；在他女儿方露茜翻译的后记中，几次提到邓敬言。她写道：“……父亲于1953年2月6日至14日在万隆召开的亚远经委会第九届会议，经一位在香港的朋友介绍，认识了我的第三位母亲邓敬言（安娜）。邓是一位四川女子，她那美丽温婉的仪表、深厚纯正的中国文学底蕴、端庄优雅的气质和典型中国式贤妻良母的性格，使父亲为之亲倾倒，当即决定与她结婚。”从图片看到是很像方露茜的描述。

刘育和（1919—2004），钢琴教育家。为刘天华之女。1936年考入上海音专钢琴系。先后在北京师范大学音乐系、北京艺专等校教授钢琴。长期从事钢琴教学。建国后为中央音乐学院钢琴教授。

▲钢琴家邓敬言

▼钢琴家刘育和（右）和与罗翠玉

▲上海国立音专夏承瑜

夏承瑜的父亲是夏仁虎，其唯一的女儿即夏承瑜。其中第六子夏承楹的妻子是著名的女作家林海音。夏家是名门望族，故事多多。

夏承瑜与郎毓秀同学，1933年入学，主修声乐、钢琴。据说她70岁时还能演唱花腔女高音的作品。丈夫是张隽伟，也是上音毕业，钢琴家。

▶北京音乐家周碧贞（右）、姚兰彤（中）、周英（左）

▲南京国乐家卫仲福夫人

这幅图片是南京国乐家卫仲福的夫人。选择这幅图是可以使人们追索国乐家卫仲福。

▲音乐家徐玄（封面）

▲最近在青岛组织音乐学校的北京音乐家林鸣

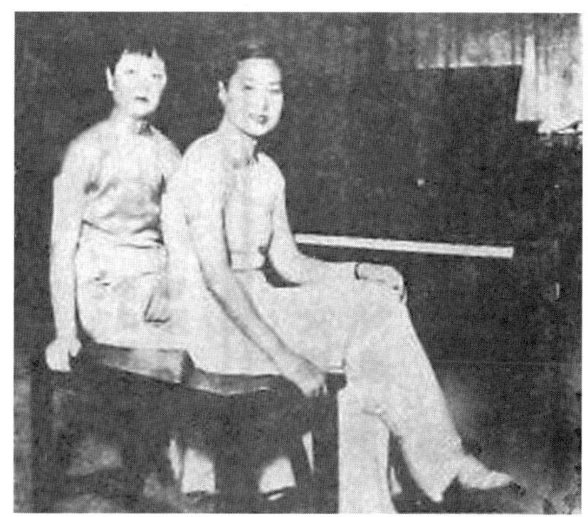

▲钢琴家陈君婉与夏均

▲青岛小提琴家王政民

◀小提琴家林佩鸣

柯政和(1889—1979),字安士,原名柯丁丑,台湾嘉义人;我国著名音乐教育家。曾任北京师范大学音乐系教授,对音乐教育及音乐理论领域贡献良多。1945年8月抗战胜利后,因为曾支持日军与汪伪政权而遭公诉。后因为台籍身分遭到释放。仍从事于音乐教育工作。文化大革命运动中,被迫害导致失明及瘫痪。1979年于宁夏逝世。

▲柯政和与友人,后排左2为柯政和

▲小提琴家李雅妹

◀广州音乐家黄蔼立

▲钢琴家叶瑞玲

▲音乐家徐剑生与北京歌咏比赛第一名学生池元尤

徐剑生，生卒年不详。中山大学毕业，原天津南开中学音乐教师。张伯苓创办了南开的中学、大学、女中、小学、研究所系列。张伯苓特别重视音乐教育，他请到徐剑生、陈子诚、阮北英、李抱忱等音乐名师，教出后辈声乐家。徐剑生早年在天津还是著名翻译家杨宪益的家庭教师，为杨打下深厚的英语基础。她还是当时享誉京津的著名歌唱家池元元的婶母。图片显示是在北京比赛获奖，很可能此时已到北京，或应邀到北京。

▲大提琴家周素贞

▲小提琴家周戴芬

▲德国法兰克福的中国学院举行乐圣贝多芬去世百年纪念大会

◀贝多芬的世界名曲《月光》(绘画)

贝多芬（1770—1827）是德国伟大的作曲家。他的事迹和作品为全世界的音乐爱好者所了解和热爱。中国人了解贝多芬大约是在20世纪初，由留学日本的李叔同传入的，他曾经在《音乐小杂志》（1906年）上发表过他手绘的贝多芬像，并著文《乐圣贝多芬传》，对贝多芬作了简单的介绍。我们现在看到的是，在德国的中国学院纪念贝多芬逝世100周年珍贵的图片。发表在《北洋画报》1927年11月5日第135期。

在发表这幅图片的同时，刊登了编者的一篇附文：

> 德人Wilhelm，华名魏礼贤，居华25年，足迹遍南北，崇奉孔子，精研汉学，翻译《论语》等书，由是得名。1924年返德，于法兰克福省立大学内，倡立中国学院，成绩甚佳，出月刊一册，尽载我国美术文学等类，洋洋可观。此为今年德国乐圣贝多芬氏去世100年纪念日，该学院中国学生举行中国式祭礼（羽舞）之光景，俨然吾国文庙祀孔之气象也。以中国古礼崇奉西贤，斯为创见。

不仅如此，编者还在图片的右侧，写了一句非常感慨和耐人寻味的话："这是在德国呀！"

关于魏礼贤，在此不作详细的介绍。他是"东学西渐"的一位伟大的人物！

这幅穿越了87年时空的图片，其背后的情况是什么呢。编者拜托一位朋友，德国慕尼黑音乐学院的汉思教授代为查找。他在法兰克福大学图书馆找到五份材料，其中有《莱茵人民日报商报》《法兰克福 Zeitung 和商报》《法兰克福 Zeitung 和德国商报（晚报）》《德国商报（第一晨报期刊）》等发表的评论文章。但因为都是"古典德文"，很难翻译，故暂附阙如。然而最难得的是在中国学院的报纸上，找到了"1927年8月11日到16日《 中国音乐周》"的日程安排。毫无疑问这些都是魏礼贤借助贝多芬逝世100周年而一手策划和精心安排的。其中有《准备音乐演出的详细情况》和演出日程安排：1927年8月12日20时，中国古典音乐；1927年8月13日和15日17时，民族音乐和皮影戏《黑风》；皮影戏《在吴起亚团聚》；1927年8月14日时，高潮：庄严的祭祀贝多芬仪式；1927年8月14日，古典音乐；1927年8月16日，各种古老和现代音乐。

这幅图片虽然不是很清晰，但还可看到舞台深处的贝多芬像，右侧的中国钟，左侧的大鼓等。这一切成为中德文化和音乐交流的永恒的美好记忆。

▲ 歌唱家夏里亚平与夫人

夏里亚平（1873—1938），俄罗斯著名男低音歌唱家，世界最伟大的男低音，人称"歌神"，1894年进入圣彼得堡皇家歌剧院，以演唱格林卡歌剧《鲁斯兰与柳德米拉》而成名。他音量庞大，音色淳厚，却缺乏表现能力。1896年离开圣彼得堡来到马蒙托夫歌剧团。1899年离开了那里进入莫斯科大剧院，此时，他增加了独树一帜的表演方法，演唱了《鲁斯兰与柳德米拉》《伊戈尔王》《萨德阔》等作品。1911年9月，因与前当权政府发生冲突离开俄罗斯，1913年在伦敦演唱《鲍里斯·戈东诺夫》。十月革命后回国，任列宁格勒马林斯基剧院艺术指导，并获得"人民艺术家"称号。

1921年，夏里亚平来到大都会歌剧院，一年后为报复俄国政府而出走。俄国当局对此很是懊恼，没收其财产，家人也遭到株连。

此后，他凭靠巡回演出以维持生活，1936年还曾经到中国哈尔滨和上海、青岛、天津、北京演出。1938年20世纪最伟大的男低音歌唱大师夏里亚平在巴黎因败血症不治逝世，终年65岁。

艾尔曼(Mischa Elman 1891—1967),美籍俄裔小提琴家,童年在敖德萨从弗德曼(A.Fiedmann)学琴,后转到彼得堡音乐学院成为奥尔的得意门生。1904年在柏林做首次职业性演奏获成功,1905年在伦敦皇后大厅演奏柴科夫斯基的小提琴协奏曲,轰动一时,从此确立了第一流小提琴演奏家的地位,1923年入美国籍。艾尔曼的演奏,表情丰富、音色宽厚、甜美丰润,以抒情性见长。艾尔曼一度曾是世界上身价最高的小提琴演奏家,他的音色,有"艾尔曼音"之美称,他1958年在卡内基音乐厅举行演奏50周年纪念音乐会,仍魅力不减当年。

▲世界著名小提琴家艾尔曼

◀齐尔品与陈绵

亚历山大·齐尔品出生于1899年，俄国当代作曲家与钢琴家。其父尼古拉·齐尔品曾在圣彼得堡音乐学院师从里姆斯基-柯萨科夫，母亲则是华侨优秀的次女高音。齐尔品就学于圣彼得堡音乐学院，师从里亚多夫。1921年到巴黎音乐学院习作曲。曾于灵感巅峰时期旅行日本与中国等地寻找素材，以创作俄罗斯风格兼具东方风格的音乐闻名。1934—1937年间在中国从事钢琴演奏和创作，并应聘在1930年成立的上海国立音乐专科学校任教。1934年首度访日演奏后，爱上东方风格，经常往返两国，主动关心中日乐坛的发展，特别提携作曲人才，鼓励民族特色，呼吁"欧亚合璧"。1934年在上海音乐专科学校举行了自己作品的钢琴演奏会，随后更出资征求中国风格钢琴作品的创作甄选活动，贺绿汀著名的《牧童短笛》即当时脱颖而出的作品。这次活动对于当时处于起步阶段的中国钢琴音乐创作和后来钢琴音乐的发展，具有深远的意义。除此之外，老志诚、刘雪庵、江文也等人以及日本乐坛的许多人都受到他的鼓励。他娶了中国女子李献敏为妻，并定居纽约，入美国籍。1949—1969年在芝加哥德保罗就任钢琴与作曲教授。1977年病逝于巴黎。

齐尔品于1934年4月开始第一次访问中国，其间多次开音乐会，演奏自己的作品，并发起"征求有中国风味的钢琴曲"。5—7月到北京访问，于5月29日，访问北平大学女子文理学院音乐系，并在为他举行的学生音乐会上演奏自己的作品。这幅图片即齐尔品在北京时的留影。图片有题款"齐尔品留念　陈绵谨赠"。

陈绵，生卒年不详。字伯早，福建闽侯人，其父为清末邮传部尚书。陈绵早年毕业于北大，后赴法留学，入巴黎大学艺术学院攻读戏剧导演，获艺术博士。回国后曾任中国旅行剧团导演，又到中法大学、北京大学任教。解放后，陈在外国语学院作法文教授，以"齐放"为笔名发表文章，在1949年后出的书（包括与他人合译），达十册之多。

本集图片出处目录索引

北洋画报

图说乐·人·事

第七辑

其他图片和音乐短论

这部分图片是指与音乐有关人物或漫画等。在这里还编选一些与音乐有关的文论，便于研究参考。

▶ 在青岛逝世之康有为

康圣人去世 板

南海康长素氏，已于三月三十一日，寿终于青岛寓所。今年七十整寿，其及门弟子辈，于三月八日，在上海开庆祝大会。康氏目睹赤化之猖獗，知复辟运动完全无望，乃对人流涕，所志抑郁难申，精神极感不快。移居青岛以后，又亲笔致某要人一书，洋洋数千言，力言恢复旧君，为今日救国之要。死前数日，尚上废帝遗奏一通，主张复辟，可谓至死不获其志者也。

康之为人，毁誉参半。但其对于学术界中，确有功绩。又其主张，虽不于时代之潮流相适合，但仍不愧始终如一。今之朝秦暮楚者流，视此当有愧色也。

康有为（1858.3.19—1927.3.31），原名祖诒，字广厦，号长素，又号明夷、更生、西樵山人、游存叟、天游化人。汉族广府人，生于广东省广州府南海县丹灶苏村，人称康南海，光绪廿一年（1895）进士。

康有为是中国近代史上著名的思想家、政治家、教育家和文学艺术家，资产阶级改良主义的代表人物，清末“戊戌变法”的主要发起者。1895年曾“公车上书”。他是清代“碑学”书法的积极响应者和亲身实践者，是继包世臣后又一大书论家。他信奉孔子的儒家学说，并致力于将儒家学说改造为可以适应现代社会的国教，曾担任孔教会会长。著有《新学伪经考》《孔子改制考》《大同书》等。

近代音乐史提到康有为，是因为他在1898年致力于维新运动，并写了《请开学校折》，其中提到“限举国之民，自七岁以上必入之，教以文史、算数、舆地、物理、歌乐，八年而卒业”。

▲最近逝世之中国时代思想先驱者梁任公先生遗像

梁启超（1873—1929），广东新会人，字卓如，一字任甫，号任公，又号饮冰室主人，中国近代史上著名的政治活动家、启蒙思想家、资产阶级宣传家、教育家、史学家和文学家、学者。"戊戌变法"（百日维新）领袖之一，是深度参与了中国从旧社会向现代社会变革的伟大社会活动家。曾倡导文体改良的"诗界革命"和"小说界革命"。其著作合编为《饮冰室合集》。民初清华大学国学院四大教授之一、著名新闻报刊活动家。他的文章富有独特的历史视角，令人深思，启蒙思想。他还提倡"新音乐"，曾言"我国无一人能谱新乐，实社会之羞也"。大力推动学堂乐歌和新的音乐教育。梁启超本人也曾创作过"学堂乐歌"。

徐志摩（1897—1931），现代诗人、散文家。徐志摩是金庸的表兄。原名章垿，字槱森，留学美国时改名志摩。1915年毕业于杭州一中，先后就读于上海沪江大学、天津北洋大学和北京大学。1918年赴美国学习银行学。1921年赴英国留学，入剑桥大学当特别生，研究政治经济学。1926年任中央大学（1949年更名南京大学）教授。在剑桥两年深受西方教育的熏陶及欧美浪漫主义和唯美派诗人的影响。1918年赴美国克拉克大学（Clark University）学习银行学。1921年开始创作新诗。赴英国留学，入伦敦剑桥大学当特别生，研究政治

▶ 诗人徐志摩与夫人陆小曼

经济学。在剑桥两年受西方教育的熏陶及欧美浪漫主义和唯美派诗人的影响。

1922年返国后在报刊上发表大量诗文。1923年，参与发起成立新月社，加入文学研究会。1924年与胡适、陈西滢等创办《现代诗评》周刊，任北京大学教授。印度大诗人泰戈尔访华时任翻译。1925年任北京大学教授，赴欧洲，游历苏、德、意、法等国。1926年在北京主编《晨报》副刊《诗镌》，与闻一多、朱湘等人开展新诗格律化运动，影响到新诗艺术的发展。同年移居上海，任光华大学、大夏大学和南京中央大学（1949年更名为南京大学）教授。和胡适、闻一多等人创立“新月书店”、创办《新月》杂志。

1927年参加创办新月书店。次年《新月》月刊创刊后任主编，并出国游历英、美、日、印等国。《再别康桥》写于1928年11月6日，初载1928年12月10日《新月》月刊第1卷第10号，署名徐志摩。

1930年任中华文化基金委员会委员，被选为英国诗社社员。同年冬到北京大学与北京女子大学任教。

1931年初，创办《诗刊》季刊，被推选为笔会中国分会理事。同年11月19日，由南京乘飞机到北平，因遇大雾在济南附近触山，故飞机失事遇难。更为巧合的是，失事飞机叫“济南号”。

陆小曼（1903—1965），近代女画家，江苏武进人。1915年就读法国圣心学堂，她18岁就精通英文和法文。她是个画家，师从刘海栗、陈半丁、贺天健等名家，父亲陆定原是财政部的赋税司司长，1922年和王庚结婚，1925年离婚。1926年与徐志摩结婚，同年参加了中国女子书画会，1941年在上海开个人画展，晚年被吸收为上海中国画院专业画师，上海美术家协会会员，曾参加新中国第一次和第二次全国画展。她擅长戏剧，曾与徐志摩合作创作《卞昆冈》五幕话剧。她谙昆曲，也能演皮黄，写得一手好文章，有深厚的古文功底和扎实的文字修饰能力。

父亲陆定原是财政部的赋税司司长，小曼原与王赓结为连理，1926年10月3日嫁诗人徐志摩。陆小曼是上海中国画院画师，从贺天健习画，善画设色山水，画风近清代王鉴一路，格调有幽雅淡远之趣。传世画迹有《江边绿阴图》轴，与孙鸿（雪泥）合作《黄山烟云图》横幅、《归樵图》和《黄鹤楼图》等。陆小曼透过票戏与翁同和之孙翁瑞午相识，翁瑞午为她推拿，又教会陆小曼吃鸦片，1927年12月17日，《福尔摩斯小报》刊出一篇署名“屁哲”的文章《伍大姐按摩得腻友》，文章中的伍大姐是陆小曼，汪大鹏是江小鹣，洪祥甲是翁瑞午，影射陆小曼与按摩师翁瑞午、江小鹣的艳情。1931年11月17日这一天，徐志摩的唠叨激怒了陆小曼，两人之间的情感发生裂痕，徐志摩离开上海，到了南京，后寓居北京。

北洋政府外交总长顾维钧要圣心学堂推荐一名精通英语和法语、年轻美貌的姑娘去外交部参加接待外国使节的工作，陆小曼成为当然之选。陆定夫妇认为这是锻炼女儿才华的好机会，便答应了。于是，陆小曼经常被外交部邀请去接待外宾，参加外交部举办的舞会等，在其中担任中外人员的口语翻译。18岁时，陆小曼逐渐名闻北京社交界。她能诗善画，能写一手蝇头小楷，能唱歌能演戏，而且热情、大方、彬彬有礼，更能引人好感的是她那明艳的笑容、轻盈的体态和柔美的声音。陆小曼在三年的外交翻译生涯中，屡屡显出她机警、爱国的一面。因为当时翻译不仅仅把对方的话译出来就算了事，还须随机应变，以对付那些蔑视华人的外国人。她爱自己的祖国，看到外国人有蔑视华人的语言行为，就以牙还牙，巧妙地对付。

1931年11月19日志摩空难死亡，南京航空公司主任保君健告诉陆小曼，徐志摩不幸身亡。小曼整理徐志摩作品，编成《志摩日记》《徐志摩诗选》《志摩全集》等，后与翁瑞午同居，长达30年，胡适曾要求她与翁断交未果，但她表示对翁瑞午只有友情没有爱情，其间陆小曼在赵家璧、赵清阁鼓励下潜心学画。1961年翁瑞午在上海去世，1965年小曼在上海病逝。

電影專刊

The World of Screen　No. 66　第六十六期

電通公司音樂喜劇「都市風光」特輯

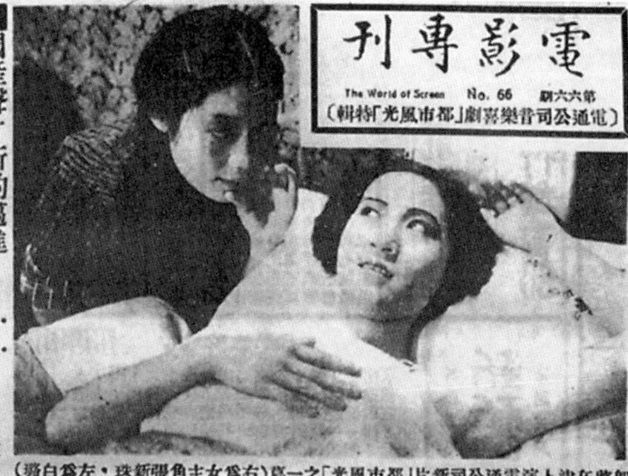

即將在津上演電通公司新片「都市風光」之一幕（右爲女主角張新珠，左爲白璐）

國產聲片新的邁進

如·愚·

「爲什麼中國不會產生幾部音樂喜劇片呢」？這是袁牧之時常在腦子裏的一個疑問。這一次「都市風光」的產生，終於把這問題找到答案當袁牧之要萬籟鳴，萬古蟾，萬超塵，萬滌寰等合作一段卡通畫片的時候，他們都恐怕要失敗，但壯着膽子答應下來了。先由賀綠汀依照戲中的動作，製好了樂譜，再記好了聲響，動作，格數，拍子以後，他們經過了一個月的工作，終究成了這一部音樂卡通。這是中國聲片第一次對於聲音藝術超越的運用，也是聲片一種新的邁進，值得稱許的。

「都市風光」中之張小雲小姐施其誘惑手段：與情人王俊三（上）與又一情人李夢華之表情（下）

談「都市風光」

大·白·

國產影片的喜劇，產量是極少的，雖然近年來也有幾部滑稽影片，但內容無非是些無意義的低級笑料，除了使知識淺薄的人或兒童笑一笑外，對現代社會並無若何影響。最近電通公司的「都市風光」是諷刺現代社會的一部喜劇，卻一反從前滑稽片以單純逗笑爲題材的內容。劇情是富於諷刺性的，用一些幽默的材料，對一般都市沒落的市民，加以嘲笑。都市的描寫，都從細微處給了一個概括的揭示。而此部影片最大的收獲，是對音樂方面的應用，有了更優美的進步。現在節錄全片樂譜作者賀綠汀先生，對「插音音樂」的申述如下：「中國過去的影片，從來沒有用音樂來描寫劇中人的動作，心理變化以及劇的場面的移換，即令有也不過找幾張唱片硬揷進去。這在劇情上也許偶然得到效果，不過終究是「拿着黃牛作馬騎」的玩意；況且有時你跑遍了唱片公司，聽過了幾百張唱片，也許找不到你所理想的一張唱片；這是多麼苦惱的事情！中國的影片，在編劇，導演，表演種種方面，都有長足的進步，獨在音樂方面永遠停留在極原始的狀態中。假如中國影片對於這一點無法補救的話，前途實不堪設想。所以當「都市風光」的導演袁牧之要我幹這件事情的時候，雖然因爲自己能力問題，推辭數次，但終於答應了。一且有相當的成效的話，可以引起中國影界及音樂界的注意，大家另開一條新路，協力前進。一方面可以使中國的影片氣，步各國後塵邁步趕上去；一方面使社會上音樂空氣濃厚，提高民衆音樂鑑賞程度與興趣」。我們就賀氏的話，可知此片音樂的應用，是與畫面一致的。這確是國產聲片的新型。

張小雲之婢（白璐飾）之傻的表情

電通人物志

民·

△馬德建　電通公司的總理，係德國海軍學校出身，曾任福建海軍機關要職，精於製造機械。三友式收音機，即他發明創造。

△李大深　係本市名馬師李大星之兄。滬金城大戲院，由他經理多年，現充電通營業主任。

△周伯勳　自由神裏的失戀大夫，桃李劫裏的豬羅經理，最近又主演都市風光。他是南國社的宿將，在電通爲劇務主任。

△袁牧之　曾主演「桃李劫」，「風雲兒女」。他是電通基本演員，兼導演，現以全副精力，製成「都市風光」，以滑稽音樂，描寫幽默劇情，爲國片爭光不小。

△孫師毅　本是聯華有名的導演，「新女性」博得盛譽，不知爲了何故，離了老大的聯華，進了新興的電通。現正導演「街頭巷尾」，不久即可公映。

△陳波兒　主演「桃李劫」，一鳴驚人，現正主演「街頭巷尾」。她姓任，四歲小演員任克，就是她的兒子。

△王瑩　在「自由神」裏，慷慨悲歌，震驚了社會。她的芳名有聲於文藝界，是無須人介紹的。

△張新珠　確是一顆新珠，第一次上鏡頭，就充「都市風光」主角，表演細膩輕鬆。

劇中張小雲（張新珠飾）與李夢華（唐納飾）在舞場之一幕

王俊三（顧夢鶴飾）等與張小雲在舞場中之又一幕

「都市風光」新型樂劇中之新型舞蹈

廿四年十二月十七日　（3）　星期二　第一千三百三十六期

▲ 电影《都市风光》专页

在“电影专刊”上，对《都市风光》做了整版的报道和评论，其中特别引述了该片音乐作者贺绿汀的见解。

电影《都市风光》是中国第一部音乐喜剧片，袁牧之才华横溢的导演处女作。一群要进城的乡下人在火车站旁的西洋镜中竟看到了他们自己在城里的未来生活情形，似真似幻，发人深省；用音乐来描绘市场萧条时期繁华都市的生活窘态，有讽有喻，横生妙趣。将动画引入片中，成为镜像中的镜像，丝丝入扣，极具巧思；而对镜头画面的经营更具表现主义的艺术风范，才华卓越，动感淋漓。该片是中国电影史上难得一见的艺术佳作，更是音乐喜剧类型的绝世经典。

《都市风光》的音乐是由贺绿汀、黄自和赵元任完成的。黄自为该片创作了《“都市风光”幻想曲》，赵元任创作了《西洋镜歌》。但现在看这部影片，却听不到黄自的作品。据说还有一个“第二版”。

▲1934年出品的电影《大路》，黎莉莉与陈燕燕主演，聂耳作曲。其中《大路歌》和《开路先锋》是最著名的作品。

《北洋画报》文艺与音乐短论选

要说的几句话

中国的报纸杂志，就现今人民的知识程度而论，能算够发达了。然而社会所需要的画报，却还十分缺乏。画报的好处，在于能看，人人喜欢看，因之画报应当这个优点，容纳一切能用图画和照片传布的事物，实行普及知识的任务；不应拿画报当作一种文人游戏品看。

举凡时事、美术、科学、艺术、游戏种种的画片和文字，画报均应选登，然后才能成为一种完善的报纸。这样组织完备的画报，中国还没有一个。所以同人按着这个宗旨，刊行这半周刊，将来发达以后，再改为日刊，也说不定。不过大凡一个报纸的发达，不单靠报纸本身的善进，必须社会的人们从旁帮忙。所以我们在这创刊的时候，希望社会各界的人士，多多的指教好帮助我们。（1926-1）

文 艺 谈 话　　雪花冰纹社

天津的文艺就画道而论，较北京上海是望尘不及的。其中的原因，按我个人数年中冷眼去看，大约不外短少互助二字。有几位有心的，都走上了竞争的路上去了。他们个人的毛病，未经同道的指责愈习愈深，好处渐渐的忱了下去了（这话，日前画友沈思冰君问我，天津的画家为何一天一天退步呢？当时付之一笑）。岂知竞争二字，乃世界万物之罪根，此二字一天不消灭妒忌残杀，战争压迫，种种恶魔，一天也比一天厉害。况艺人乃是爱美的天使，全世界的艺术家联合起来，造成一个美化的大同世界，才是我们的责任。为何小小的天津一地，几个平庸的画家，就好这么的闭关自守起来呢？请看中国古画家，近代如画中九友，金陵八家，四王，吴恽，西冷画社，那一个不由朋友的互助成功的呢？

还有一个原因，就是天津没有爱美的园主，园中花果，除了任意折取之外，灌修之责，是没有人。闭着眼睛买几件来填填空，还自命为收藏家。你问他何为鉴赏，美在何处，真是骑着马在园中乱跑起来了，可怜几个马蹄余生的青芽，还是没人去灌修。（1926-16）

一个机会——谈谈旧戏 王小隐

谈戏似乎是中国新闻事业的一种固定的附属品，在五六年前，无一报纸无戏评，即无一报社无兼评戏之记者，如凌霄×阁主，如养拙轩主，如马二先生……其尤著者也。而黄远生亦有关于小叫天之著作焉。近来此风虽替，而实际的进步则绝钜，仆在昔不足以当"剧评"之目，且亦久不谈旧戏矣。兹以梅兰芳来津演戏，知一般人对旧戏之赏鉴未衰，趁此一个机会，不妨稍为谈谈旧戏，为专号凑凑热闹。

其一：梅兰芳，以男子扮演女子者也。此为关于戏剧讨论，最初新旧交锋点。新派言曰，以男子而扮演女子为欧洲所无，且亦必不能肖，吾当时默然而已，非不辩也，以为不必辩也。仲马《茶花女》剧本，其中有 Arthur 其人者，男子也，而扮演时以女伶任之，盖以其人风格分配之者也。欧洲之宗教剧，其中之妇女，往往以童子扮演，而丑妇泼妇则有时为男伶所任，是则既曰扮演矣，既可以女饰男即能以男饰女，若谓定不可移，男子无扮演女子之可能，则今人亦断无扮演古人之可能，设张三不能呼作李四，而戏剧根本消灭矣。

其二：则梅兰芳所制古装，论者或曰，此非古装也，于古无徵。吾尝谓，戏虽演古，而非考古也，秦汉衣冠自大异于唐宋，此极寻常之见解也，于旧戏中，则秦始皇与唐太宗，衣冠无若何之差别。战国时代之人物，且亦纱帽××，奈何不闻有一人非议，独于女装之美的制作则讶之，斯亦不思之甚矣。昔年燕京大学演《刘姥姥》，商衣饰予，予谓"时装"可，"戏装"亦可，前者有时代眼光之美，后者有适合眼光之美，（古代无此种衣装，吾根本承认之）某女士谓，倘按旧时代之衣饰，求之旧日世家何如。吾谓就此一番考据，即费时间，况未必适合于吾人今日说承认之美，故终以梅派衣饰登场焉。

举吾所谈，似均为旧戏辩护的口吻，而非关于梅的讨论，然而梅之所以为梅，已确然有其地位，不必为试贵。吾恒而不甚了解而妄加期许，此事最为危险，吾观梅剧不多，故仅举此二点言之。若艺术家所以为艺术家，与夫社会对于艺术家所应有之态度，此尚为中国未甚普遍之问题，第知已有不少之进步而已。（1926-81）

听鼓小识 雪若

大鼓之种类至杂，兹仅就"小口大鼓"言之。歌小口大鼓者，在今约分三派，曰刘宝全、白云鹏、张小轩。白以柔婉胜，张以雄浑称，至刘则近年造诣益深，亦如剧界之谭，兼得众长，神于变化妙不可以文字喻矣。且其派流亦盛。后起之歌者，殆皆惟宝全是学，但杰出者亦少。鼓姬中小燕楼学刘功力甚深，已近纯青火候，惜近已退化。林红玉得其意态而失之野，汪金兰有其清脆而失之飘。至良小亭富贵卿辈，尤为自鄙以下矣。尝询之内行人，刘死后男角中谁可继其衣钵（因例不得以女角承大统也），多以王贞禄对。盖只以其所能甚博而言，实则王亦一冢中枯骨而已。王凤岐、关贞奎等，尤无足述焉。宝全之生盖天赋，一唱大鼓之喉咙以俱来。乃得神明于天赋之中，他人无此天赋，安望能神明也。派宗张小轩者，仅有一鼓姬张金环，近亦叛为之他，改唱其独出心裁非驴非马之自然大鼓。此派自张小轩即无价值可言，失传良不足惜。至白云鹏，则实为近十余年异军特起之一派，将韩小个之"子弟"书改唱大鼓与文人听之，曲词至雅，腔调尤极幽柔，但亦只能歌与文人听之。格调既高，难为时赏。故至今犹落魄不偶。（实则白之声价至高，但不受普通人欢迎而已。）宗此派者仅有男角刘晓峰、戴和二人。惜亦粗得皮毛，百无一似，至鼓姬学者则无一人。盖以白不授徒，教师更难得也。余书谓倘得十六七女郎。歌白之红楼诸折于春风秋雨酒绿灯红之际，即铁石人闻之，亦必销魂而死。四年前，见一鼓姬月如，歌通俗之《捉张》《出塞》等曲，已极幽咽之致，知其能歌白雪，乃授以红楼《凰媒》一曲。匝月已腔调韵正，偶灯背低唱，大有云曲神味，方喜其将有成望。乃遽以事阻，未竟其所学，尝引为深恨。今月如且墓草已拱矣，踏遍歌场舞榭，看遍黛绿粉红，更难得如此一人才也。（1928–191）

谈杨宝森　铁党主人

六七年前，羁留都门，偶值风雨连绵，无以自遣，益以戏隐至深，殊不甘枯坐。惟京例风雨咸回戏，间有一二科班，或仍照常演唱。因驰赴三庆，顾曲与斌庆班，有在中轴演《碰碑》者，年颇稚，大段反二簧，居然一丝不苟，发皆中节，童伶为学艺之期，宗派宜纯正，咬字宜正确，使腔宜简净，做派宜稳重，该伶兼宜，因许为后起之秀，知非池中物。询之同座，始悉为杨宝森也。甲子春，愚旅居沪滨，宝森适应更新之聘南下，首夕《定军山》。票报各界，趋而观者数百人，为前此未有之盛况。愚与林屋山人诸公同往，觉宝森稚气渐消，雄浑洒脱，宗法谭余，大纯而小疵。以视马连良之贫俗，高庆奎之博雅，高明多矣。与李吉瑞轮演大轴，历三月而不衰。客岁宝森与荀慧生出演开明，聆其关府定军山诸折，功侯又大进矣。唱作念武，圆稳沉着，其唱白能免去倒字重腔之弊，弥觉可贵。且能注意于简巧精微之小腔，惜是时倒仓尚未全复，为美中不足。然闻其声，即能辨其字韵，口劲有足多者。日前有友宴愚于都门，宝森亦多在被邀之列。宴余与尤未阑，各歌数节以消遣。宝森始操琴，继亦奏《洪洋洞》《一捧雪》数段。嗓音朗润，调正工。盖嗓已大复，不似客岁之枯塞。其歌高而不刺，低而不靡，急而不促，缓而不疏。间为一二新腔，亦蜕化于谭调，而不背乎曲理。是学谭而能含英咀华，舍形取神，异曲同工，殊途同归者也。森宝近方排练全本《一捧雪》，及全本《上天台》等剧。前曾有与王幼卿在明星演唱之议，嗣以他故而未果。异日脱颖而出，或可与当代名

宿争一日之短长欤。(1928-202)

呜呼艺术家之言　少朽

"中国现在无论什么东西，尤其是艺术，现在妊娠期中，所以现在请胎教的时代，一二年后，也许便能分娩了……"

以上所引一段妙文，曾见八月二日日庸报艺术界中张鸣棋军的艺术杂话第三节，我不但未曾有认识张君之光荣，即使他是我之至友，我也不能赞成其说。

张君谓："中国现在无什么东西，尤其是艺术，都在妊娠期中……" 幸而在理论上，人类不能按骂街式地以"东西"看待，否则我以为张君同我，以至四万万同胞，都在不知有没有的娘——因为也许我们的娘同在妊娠期中！——的怀里！幸而张君指的，是一切别项的东西，尤其是艺术。别的东西，是不是都在妊娠期中，这是有目共睹的，无须多说。张君既为艺术家，咱们不妨先就艺术立论。

艺术二字，包括极广，如戏剧、音乐、书画、雕刻、印刷、建筑等，都是艺术的正宗。他的旁支，则更为广泛，如摄影、电影、园艺、舞蹈，以至人生，亦有所谓人生艺术，爱又有爱的艺术，艺术断不是画画话而止，这个不可不知。

以言中国之艺术，发轫还在三四千年以前，于商周之世，已蔚然可观，后至汉唐，益臻盛境。以后代有创作，名家辈出，史籍所传，非一言一语所可概述；只就今日西方学者，对于中华文化一致钦仰而言，已足见我国之艺术，绝非如张君所言之"在妊娠期中"矣。

今日中国之大患，不在不能追随西方人之骥尾，以实施之物质文明，而在只习皮毛之士，数典忘祖，作为新奇不合事实之高论，以冀惊倒群众，苟不加以纠正者，吾恐国亡无日矣。(1928-215)

行将来华之两歌舞团　颍川

吾国人士对于歌舞发生欣赏之情趣，实自葡萄仙子下凡始；至毛毛雨而热情益狂。一时歌舞之社，先后竞起；如沪之蝴蝶，平之琳琳，其尤著者也。西人之业斯者，以华人对于歌舞之倾向，景然风从，乃亦远涉重洋，投吾所好；闻美国罗斯配其(Rose Page)歌舞团，已决作东亚之行，将出其生平杰构，以响吾邦人士之耳目。该团向献艺(术)于纽约之演艺馆，主其事者为歌舞界资格最老之罗斯配其女士，(此)来偕行者，有绝代丽姝二人，及男子一人，均为在美国享有盛名之艺员。继罗斯配其值后而(拟)来华者，有西班牙歌舞之后阿琴丽娜女士，女士姿容秀美，体态婀娜，为世所称;(曩)曾一度游美，博得不少好评，与罗斯配其大有颇颃之势。但欧系以春秋二季为歌舞季，故此两组，来春方能首途也。(1928-251)

一朵能歌的黑牡丹 云若

鼓曲盛于燕赵，个中龙像，自当推刘宝全；然除刘之外，可听者男子中几无一人，若白云鹏则自成一派，无并论之可能，盖十年前较刘仅低一格者，亦之黑姑娘一人而已。黑姑娘歌喉流利轻腴，远出史姑娘，刘翠仙，王金子侪辈之上。然其后更逝人而去，刘等则离艺沪滨，饱载而返；黑见最心喜，遂亦迁地为良，然南人重色而不知音，竟淹池春申浦上，待伊时黑业徐娘矣，兹后遂寂寞无闻。其后数年，闻有小黑姑娘驰名沪滨，复得见其倩影于玉梨魂影片中，又闻诸黑妹，方知其为黑姑娘女也，私喜有女不徒中郎，是固能干母之事，跨母之灶者矣。去岁夏中来津，出演燕乐，曾听其数曲，大体无差，惟少温韵含蓄之致，盖天赋稍逊，而可以求工，遂不免捉襟露肘。然虽雏凰未能请于老凰，而飞扬荡逸，却已斐然成章，远胜母之徒以艺鸣焉。鼓曲一途，向少名人提掖，故此界中人，类多不趋时尚，墨守旧章，小黑姑娘独挟沪风北来，截发短衣，作女影星妆束，观者顿觉耳目俱新；娟娟此焉，红极一时，而顾曲者乃渐多“黑籍”中人矣。（1929-268）

天津的“京戏” 白藕

马连良朱琴心将来津献技。

最近天津电影营业，大不如前；而各院向兼营大戏，因之大戏，亦遂感沉寂，可看者确实不多。中国地各戏团，向以本地角色凑数，无论矣。附属于各商场者，如中原之妙舞台，劝业之天华景等，至多偶有二三等角色，熠熠场面，真正所谓“好角”者，胥赖几家兼演电影之戏院偶遇一邀之，藉饱听众之耳福。近各影院又久不邀约，遂至有无戏可听之矣。现在比较可以过得去者，仅春和游艺大会中之吴铁奄而已，配角又复不甚整齐，难满人意，殆亦经济限之，末可如何。

本市影院之首约京角开演大戏者，为明星，每次演唱，恒获厚利，常以戏之盈余补电影之亏损焉。其初角不常来，戏不常演，而嗜戏者多，故定价虽昂，看客则无不争先至。其后群起竞争，角色接踵来，有时各院争唱对台，营业反日渐冷落，所谓盛极必衰也。常时人有谓戏剧中心，已有由北平移至天津趋势，确非移津，又虽为两三月来，竟寂而无闻，课件戏剧中心之移津，又难为事实。最近明星始又有约马连良、朱琴心来津之事，已定期开幕，嗜剧者莫不引领望之。

马连良在须生行中，确为不可多得之人才，虽有评其嗓音稍病暗哑者，而其作派神味之十足，与其努力，似不可绝对抹杀。无论如何，其为一等角则无疑，以须生而脾挽一切者，出高庆奎外，无第三人。朱琴心在旦角中，亦有其相当之地位，亦票友出身中少有之人物，两人此次来津，时机最佳，又无人与之对垒，当可操胜算也。

马朱出演明星，票价虽较诸前此低廉多多。马前在明星，最高票价售至四元，最廉者亦复两块。此次最高不过一元五角。与其谓之平民化，时不若谓之为招来计。今日社会能看得起戏者本即有限，而有限之人数中，亦日感于拮据；而各角色又一来再来，一唱再唱，斗座之力，亦遂于无形中减少，不能不想廉价一途走去。戏院主人，欲高抬价格，而在势固有所不能也。（1930-509）

论皮黄剧不失为写实的　某

有些什么也不懂的人，圣人也似的像煞有介事在哪儿批评皮黄剧，说："一条马鞭便代表了一匹马，一张椅子便代替了一座窑，两块布便代替了一辆车子，两脚跨便算骑了马，两手动动便算开了门，太近儿戏，太不写实了。此话甚是，但我想演戏终于演戏，不必肉麻地为皮黄剧辩护，说是可以登艺术只宫，而入象牙之塔，可也不必用看艺术的眼光去看它。戏剧固然要写实，而写实只是在于精神上给人一种真实的印象，而不在于叫人惊奇，而且假的终于是假的，费了牛劲，真的石头上台表现山，真的水上台表现河，以及痘痘的汽车入幕，如果仅在像真的一样，叫人满足，一上则仍然是不能满足，因为仍是假山死水，蠢马笨驴（不会跑）也，反不如用了意见简单东西去代替，经济得多。

许多人说皮黄剧是象征的而非写实的，我觉得象征的一词，不如说是表现的更妥当些。而且，旧剧也不失为写实，他的写实超于表面，玄一点说，谓之精神的写实可也，精神的写实以能达到使观众印象上有真实的意识底满足为止，必欲件件是真，范儿越看越不真，越看越不满足。至于必欲在舞台上以好像真的东西一样为满足，这种观众我劝他还是看魔术去。

我曾高和徐凌霄先生谈及，他也以此说为是。（1931-583）

音乐会之意义与精神　仲卓

我国乡旅津机关，为会馆，学校，山庄，四处。除山庄，学校，为执行事务之组织外，会馆年由一度之相亲会相聚，长期聚集联欢者则音乐会也。会馆晚近只具有畸形之董事部，殊难讳言，仅执行例内公事，而对外发扬乡俗民性，以联络交谊者，反不如音乐会之薄具成绩。盖音乐会之宗旨，在发扬南国乡音，讽歌大雅，各会员皆抱独立精神进行会务，遂树此十七年之基础殊难多得。其经费之维持，不过端赖演剧与会费二种。故春秋皆有例戏，而年来撙节开支，增加收入，储蓄逐渐增长，则伟大之会址，不数年可观阙成，抑亦我同乡之光，愿同乡一致善意赞助之。（1931—613）

旅津广东音乐会

演剧无论中西，均以表情为重；但旧剧似乎矫枉，新剧过于自然，誉之者谓天真，毁之者位置藏拙，得无为电影化矣。

腔调向来很重，不能有所混乱，如日唱旦腔，生唱生腔，旧剧十三腔一调，则各腔互用，此乃丑角所享，余角无与焉。设用“合尺”而唱“士工”调，则谓反腔，甚至为挤台者。（即叫倒彩），近则不然，以能多转腔为贵，例如“士工”而转“乙反”，或忽而“南音”，忽而“宝子”，诸如此类，种种色色，无不应有尽有。

旧剧词曲，句深字奥，难于表情，听着亦多莫名其妙，近则雅俗共赏，妇孺皆知，易于动听。

旧剧唱曲，声浪甚高，盖用南北不懂之特别戏话演唱，易于发音。今劝用平喉，难于用力，非今不如昔也。假如唱“走上前”三字，旧腔用戏话唱“走”字读上平声，“上”字读去声，“前”字照原音。用平喉演唱，三字全无变更，所以相互比较，便知其声浪之高低。

旧剧无配景，惟新剧有之，配景之妙，妙在逼真，令观众一目了然，无旧剧以意会得之之弊，棚面（即弦索锣鼓等）对于演旧剧，甚易工作，新剧则措手甚难，忽起忽收，殊无定准，弦索则“士工”“合尺”“乙反”等定弦之线，混而为一嘛所以操弦者，较昔之难数倍。

以上所言，是梦湘个人之见，非说古之全非，而今之尽是，阅者常表同情也。

听　琴　记　　秋盛

钢琴名家夏志真女士，携其中外男女门徒凡廿五人，于十三日之夜，开演奏会于维斯理堂。券皆投赠。来宾达六百余人，多摩登男女青年，夫妇携手来者相比，色香之美，倍极一时。

演奏台上，琴成双。鲜花之共凡八，朱色者五，雪色者三。花缤纷艳丽，与诸琴家及来宾斗艳争妍之扫地长衫，正相称和。场中静极，琴声雅极；演奏者每一折，必鞠躬，谦极；曲终，来宾报以掌，响极。

所奏曲凡四十节，夏女士居其十二。是日夏适抱采薪之忧，力疾奏其半而去，汗已涔涔下。琴随腕动，若有风声，淙淙铮铮，确不同凡响。

记者本不解音律，更不之披霞娜（钢琴之译音也）之妙。曾戏谓同往者曰：“今日我来听琴，奏琴者当有对牛弹琴之感。披霞娜，洋琴也，吾其为洋牛乎？”但吾有两耳固不聋，于是请述吾之直觉如次，何敢言评。

我以为好听者，当推张淑伃、张淑敏、张隽伟、张隽汉四姊妹兄弟连弹为最。吴元飞、吴元温姊妹之合奏，亦娴熟。不过十岁之童男张隽业，人高如琴，而艺甚佳。沈佩芬女士奏两折亦各尽其妙。其余诸人所作，亦皆精到，无略生涩者，以见夏氏教导之法也。日女性演奏者凡五人，俱佳。鹫田千重子小姐，有日妇当场投赠鲜花一束，为他人所无。

以言衣饰：日女绿服者三，和服者二，一灰一杏黄，中国男性，仅张氏三兄弟，二黑，一白，皆西装。女性十七人，皆华服，浅红淡黄之色最多，闪烁华灯前，不可逼视。不烫发者，仅二人。衣之朴素者，当推黄袍高麟英，夏女士发未烫，著湖色纺绸衫，不过唱，道貌岸然，幽静之至。闻凌影言：十五年前，夏即以琴授徒，且曾受教于夏。夏奉较甚笃，与其妹，事母俱孝。不嫁，十年前，夏氏固亦颇有美名者也。（1931-638）

声的表现　　筛

往者某杂志曾一度以“老夫子”（陈德霖）“王大爷”（瑶卿）之“唱声”与“唱情”，为讨论文字，实则二君自有其艺术上之地位，亦非本文之所欲言。唯此处所谓“唱情”者，即乐剧中“声的表现”一部也。

“唱声”者，是就一定之“程式”发出几波几折之腔调，虽能以己意伸缩抑扬已成为一“派别”，然充其量亦不过引起聆者之爱美的观念，崇拜之而已；至于“唱情”，则须于波折音节内，能将剧中人之“环境”与“情境”表现得出！此二者——“唱声”与“唱情”——之圣手自当推故伶谭英秀矣。请求音节之美听（不顾意义是另一个问题），博采旁收以创制新腔，其“打鱼杀家”中之“桂英我的儿……呀”，吾人虽仿佛其为剽窃“梆子腔”，然“儿……呀啊……”之一放音，悲愤苍凉，于此被摧残之衰翁弱女，便不禁表同情！今日艺者努力于“唱声”，而模糊于“唱情”，戏剧于社会影响，多少要受点损失。

“声的表现”，“唱”外，“白口”亦为其当然之一部分；盖“说白”因不止阴阳尖专之请求，于剧中人之“喜怒忧……”之种种情绪，亦须加以研究，往者于平市“畅怀春”聆“马叫天”之洪洋洞，见八贤王时之一段“咳……”兼彼之面容枯败，俨然一久病之长太息，至今此音响于回忆中尚不能有消磨也，一般人对于马之推崇，实以其有似“叫天”处。然则“谭叫天”之为大王更有自矣。（1931-646）

论《茶花女》　　永厚

在元裴池的楼上，我和王小隐先生因或一问题而讨论到小仲马先生所写的我们底女英雄《茶花女》。

于是我说：“……即如《茶花女》，在一般庸俗者的眼光中，一个十足的资本主义的都市有罗曼历史的女性罢了，她以游戏态度玩弄着同时被玩弄。”无疑的，他是闲在视一切，玩弄一切，而未被玩弄的则当有一颗心，一颗内在的自我的心。——她是与一般罗曼的女性不同的女性。

传统的贞操观是在处女膜，而我们是以灵魂的清净为真实的贞操的。她真是天人，她在许多有开阶级中游戏三味，她不曾施予她的灵魂的童贞。许多人震于她的美而忘却了她的可怕，许多人则不免于觉得"有如蛇蝎"。在一般庸俗中人提起了便害怕，这样，完成了她的伟大。

因为，他的真实，所有的真实已开始完全给予了她底亚猛。

因此，我觉得亚猛的父亲真是多事，一个聪明而多热的爸爸，为什么要因袭底地，传统底地去给予他儿子及其爱者一个幸福的绊脚石？

《茶花女》以悲剧终场是世界一大奇文《茶花女》以喜剧闭幕是人间一大快事……

然而，我是太唐突我们的女英雄了！王先生粘着小胡子微笑。（1931-661）

亡国之音　王小隐

从前读书的时节，得到一个印象，说是有所谓"亡国之音"者，究不知是怎样一个腔调？南有昆曲之雅，而明社遂星，备有皮黄之精，而清祚迁移，亡国之音或此即是。然使昆曲皮黄果为亡国之音，则中国遂成无乐之国，其亡也久矣，奚特于几日始趋覆亡。吾每闻引吭高歌璇宫艳史之曲，辄有用夷变夏之忧，而为之悄然不怡，岂无故哉？音者，天籁假人籁以传其节奏之美，而以抒性灵之鬱困者也。人已显顿忧伤，疾痛惨淡，乃得一缠绵幽妙苍凉悲壮之音以相娱悦。其欣然契合，赏心适意，莫可判解。岂音之足以亡人之国，第国已将亡，音为亡国之人所赏悦而已。音果负人，抑人负音，吾愿举国爱好笃嗜昆曲皮黄之人，以爱音者爱国，以爱国者爱音，勿使其所爱好笃嗜之音，还被"亡国之音"的恶名。庶于平日欣赏娱悦之意，倍见亲切，审如是，始无愧于知音，即使国难当前，依然歌舞，亦何足资诟病也哉？国人苟能以爱声色者爱国，则国必不亡；而音亦不被亡国之目。（1932-693）

记艺专之毕业公演　缺自平寄

平大艺院戏剧系一九三一毕业同学，杨村彬，刘江，张继纯，王家齐，以离校在即，特假该院大礼堂自本月十五日起，举行公演。惟以该系女同学，如顾漫霞等，皆已离校。女角乏人，于是所演剧本，乃大废踌躇。最初彼等选定三剧，为（一）英现存名戏剧家巴蕾之《一百二十五两银子的面孔》，（二）为一类乎牧歌之西洋歌剧《芝兰河上》，（三）为该系同学张继纯所作之《一个没有户籍的人》，后以特约演《一百廿五两银子的面孔》某女士病，此剧遂又改为熊佛西氏所作之《裸体》。故此次公开除《芝兰河》上一剧约有校外之王云芬女士，为女主角外，其余皆为男性所演。记者得获参观之夕为十五日，到场已晚，故第一剧《裸体》未获入目。但该剧本曾于《小说月报》中读过，知其为以讽刺旧道德家之并不道德者而作。第二剧因有王云芬女士最为人注意。王女士为蒋梦麟未来之儿媳，系北大教授王烈之女，素有北大第二皇后之号，演来虽不能谓为成功，但初上舞台之人，有此成绩，固亦不易矣。《芝兰河上》，系述该河上一段情史之歌剧。王任女主人公，马钰女士似曾一现为王披新婚礼服。王时日志装束，类热带之民族，另有一番风趣。布景由该院西画系毕业同学吴乾鹤设计，棕枝拂动，晚霞满天，为之陪衬，更觉诗意盎然。第三剧，则为时代的，思想的，述一警长捕一革命者，而为彼所感动之事。作剧之张继纯与主角杨村彬，皆为北平《晨报》剧刊执笔之人，故演来最为成功。而该系同学贺孟斧君之舞台装饰设计，作一拘留室，光自门窗人，窗极之影印上背幕，亦极成功。是日到场之人如熊佛西自定县来，凌直支直坐至剧散始去，皆足见其热心也。（1932-807）

审音知政　海堂旧主

古云“审乐知政”，是今之戏剧，亦可以觇国矣。戏剧中生旦两工占重要地位，近且演成“旦”世界，各创新声，务求出奇立异，不复顾及字音乐律，更有人忍心从而曲解誉之，“朱三做皇帝，天下事可知矣”！盖古人“变不离乎当，惟知当故能达变；奇不离乎正，惟守正故能设奇”。今人急于“出风头”，故不暇由根本下工夫，而惟奇是务。程序已乱，何有人才？即一时新人才，亦乱才也。匡奇济正，是所望于时贤，勿徒以游戏视之，政在其中矣。

晚近事物，无不炫奇，说者谓系文明进化，简陋如余，未敢谓然。盖天下事物，尽有程序，带不循序依程，是召乱也。国家数十年来，一动而难静，循致内争不息，外侮频来，而大梦犹未觉，可慨也矣！（1932-838）

音乐漫谈　铃

西乐器掺入之说者，勿乃皮毛“现代”之甚欤？盖先无论乐器之西不西，只问起发挥的感应力于格调之表现，能代以中国剧，参以中国乐器，此为当然的组合！持必以表到什么程度耳。中国戏剧中音乐之优点，在能以相当节奏乐谱，操纵竹丝金革，辅助歌者，传达剧中人喜怒哀乐情绪，烘托空间气象之紧张或安静，引深剧人之感念。是以音乐与中国剧中为主要部分，剧场以乐组（场面）为司令台，（在打鼓部分作《九龙口》）。其密切如贯珠之线，织布之梭，能表现一切物界情状，能感应多端意绪。武戏中水战与陆战之不同，不止演员动作支配之不同，而场面异样情调之渲染，亦至为伟大。《奇冤报》刘世昌鬼魂之出，用小锣作短促之连击，即有一种阴森气象之默示；《四进士》宋世杰盗书拨门，演员虽以动作表演，而于小锣声中，使观众对拨门一小部分情节，认识明晰。他如《探母》之甩发，则只用单皮作由急而缓，缓而复急之频击，而剧中人不同之情绪，使观众印象起不同志感觉！至于《打渔杀家》行船一场，以音乐之声调表现水声于暮景，尤为佳妙。且此项简单节奏，又能引起情绪上一种："单纯" simplicity美的感应，是有含蓄调剂作用者焉！关于音乐之优美作用，及于戏剧关系之密切，吾人先不用做"老王卖瓜"式之标榜，关于"司塔克扬" Stakr Young君《对于中剧之意见》曰："关于中国戏剧第一我感觉的是根据音乐的艺术，至少是音乐的表现着……自然，许多音乐是因着他异国的格律与注意点而使我不懂，但我很惊异，一个外行仍然懂得其音乐与舞台上的动作的调和，随奇妙强烈的姿态，音乐给予动作的节奏。由于这美妙的方法成就了它的力量，无论它是异国的音乐，或是他的声调。" 在此意见中，使吾人知音乐与戏剧之关切有如是者。（1933–941）

音乐漫谈（续上期剧刊）　铃

至如"老萧"之问"小梅"："演剧戒杂音，中国剧用大锣大鼓何理？" 纯为习见之不同，"中国无戏剧"之奚落，亦只是卖弄其"大英国人"之骄傲，于中国戏中之音乐，或无较深的体会也。李笠翁曲话中云："剧场锣鼓，筋节所关，当敲不敲，不当敲而敲，与宜重而轻，宜轻反重者，均足令戏文减价。此中亦具至理，非老于优孟者不知……" 锣鼓竟有如是之切要，其如"老萧"不但说不到"老于优孟"四个字，且又是一个异国人，此种怀疑与怀疑"他们吃菜用刀叉，中国人何以使筷子？"之程度相等耳！实则不满意中国剧中之锣鼓，不独英国之"老萧"，即中国之"老舍"先生，于其所著之"赵子曰"书中，亦有暴露极端厌恶之描写，其抑幽默道中人，同有其各别的感觉欤？在极简单之中国剧场乐组中，锣鼓之发音，诚然较为激越，然而武戏中戏斗猛烈之场合，做此较为激越之锣鼓，何以表现气象之紧张？况复演入夜场合之击拆，其错综之简单节奏，又能引观众之心弦，作静寂象界之共鸣曲。他如武戏中两人起打之突然住手，及亮像下场，则诚如"斯塔克杨"君之言，演员之姿态，随奇妙强烈的音乐，使观者欣赏中，作极兴奋的喝彩焉。（1933–944）

维斯礼堂闻乐记　*左 右*

蒋风之周少梅二氏之音乐演奏会，日前举行于本市维斯礼堂，虽以曲高和寡，到者不甚踊跃，然座中亦近二百人。来者无凡夫俗子，类多知音。客有着西装者，如可以衣取人，则能测知知音乐之嗜者，无阶级之限。是晚来宾中使人较注意者，厥惟卞白眉氏与昆名伶陶显廷君。

耳之于声，故有同听，记者虽不知音，亦感其有动人处。如蒋风之用二胡所奏之《病中吟》，使人顿憶辗转床褥时之情景。其音若断若续，如泣如诉，而听者不厌，此其所以为“艺术化的呻吟”，有以别于病人之叫喊欤？周少梅之《胡笳十八拍》用琵琶奏出，洵为绝调。音韵苍凉，闻之益感人生寂寞，其象征景物，如晓风吟月，塞上闻笳，使人如置身沙漠。弦有缓急，时如骤雨，时似游蜂，杂以钟鼓铙钹之音，真所谓铮铮枞枞金铁皆鸣矣。

《老残游记》中，载王小玉说书时，座客无敢哗然者，一绣花针坠地，可闻其声，观众能如此镇静，求之中国任何集会或游艺場中，实不可得，唯是夜有此情形。客皆危坐，声咳不闻，如醉如痴，半入睡眠状态。记者附庸风雅，闭目效之，尤能领略个中真趣。惟以地近市里，墙外之电车声、汽车声、人语声、杂然并作，于闹市中聆此雅乐，尤觉尘嚣可厌，有飘然遺市思也。（1933–978）

《生之哀歌》片中之歌曲　　区浦

歌谣之对于一个民族，有着深切的关系，是为人所共认的事实。所以一齣歌谣的流行，即是一个民族的民族性的表现。有时仅以数十字的慷慨激昂的歌词，能激奋了整个民族的热血，同时数十字的颓废诲淫的歌词，也能萎靡了整个民族的锐气，故歌谣之对于社会国家的影响，可谓至深且巨。影片是国家文化推进的利器，故在影片中，穿插进一两阕适合剧情的歌曲，其对影片本身，不仅形成多一层的力量，而且对于全体故事的展开，能有着深的印象划入我们的脑海里。但是此类的片子是不多的。艺华公司的巨制，胡锐导演的《生之哀歌》，因系描写社会之严重问题，与失业青年之痛苦情形，特地插入两齣歌曲。即代表小市民之嗟叹声的黎明晖唱的《生之哀歌》，及代表特殊阶级之糜烂生活赞美声的胡萍唱的《娥皇女英》。不仅是歌曲的调子悠扬动人，就是歌词也句句刺人心弦，使人感动。这片子倒确是被歌曲提高了他的价值。（1935–1193）

燕大歌咏团来津演奏记　　四方

轰传已久来津演奏之北平燕京大学歌咏团，已于二十五晚在大光明公奏神曲《弥赛亚》，此曲世界知名，优美无比。记者门外汉，无从月旦，兹将当时众观状况掇记一二：

观众西人居多，中有一西女衣银灰色中国旗袍，其裁剪尺寸之适体，有如衣薄绸袍，从游泳池中出，曲线毕露，若徐悲鸿在座，可画一极自然之模特儿速写像。

此衣虽肉感而不难看，因其弯曲处乃裁制而成，非紧小而始呈曲形，殆亦欧化之旗袍欤？有谓彼姝乃北平外籍票友雍女士，不知确否。休息时我国妇女纷纷至后台，可见不少女团员原属居津者。

当唱至第二部曲中间时，群起站立，国人对于此曲未开过眼者，当然莫名其妙。坐后排者，见人起亦起，尚尤效颦。最难堪者，为前排之人，后面者已起立，而己尚茫然无知，及一回头，始赶快站起。心理学谓人类有好胜及好名誉心，则其难为情可知矣。记者以为此乃宗教关系，后知英皇乔治第二于观剧时，会因高兴而起立，观众随之亦起，遂相传至今，亦太无谓矣。未站起前，指挥者在未唱时，令团员起立，已则转身面对观众，默立不发一言，达数分钟之久，观众诧之，虽西人亦多失笑者。记者现尚未悉其故，不知是否因摄影耳。

最令人满意者，为全场皆能静默无声，虽女子低音独唱之尾音，皆能清晰听到，女子合唱重复数遍之“哼哼”时，娇脆悦耳，如登仙境，及男子唱时，有如和尚念经之感，而男女合唱示，即又有刚柔相济之妙。此曲之妙处，端在数十女子之莺声沥沥，若皆使男子合唱，则须在女儿国公奏，始能大受欢迎也。（1935-1211）

沪地平津书场　徽

大中华为沪上唯一之平津书场，开办不过数月，自其现在票值由四角加至五角看来，生意或不恶，大轴为以刘宝全高足标榜之白凤鸣，而其嗓音之低哑，则不如其师远甚。压轴为留沪不在北上之杨莲琴铁片大鼓，专以做派为号召，在台上之作风，可谓南北无尔。因其做派完全以新剧之表演术出之。况其画眼修眉，与夫衣鞋颜色值错合，尤以着高跟鞋为北地书场所少见。此或即能久在上海故。再其次为山药旦之潮流大鼓，大鼓而云潮流，亦上海之创举。盖其处能唱正式大鼓外，并将时事及颂扬党国词句，自其大鼓中讴歌之，据传中央每月因此予以津贴。总计十一场，其他则多平平。最近又人见乔清秀来沪，未知是否亦在此演出。当树田近金昌则已预告将出台矣。明星中如胡蝶张石川等，赠有匾额曰：“鼓吹文明”。闻宜景琳每夜必到云。（1935-1216）

黄色新戏之广告　沙

自影星阮玲玉自杀后，一时上海剧场之演《阮玲玉香殒记》之类戏者，多如雨后春笋。倘例“黄色新闻”名词，此可谓“黄色新戏”矣。某剧场且于广告下注以口号曰：“揭破自杀真相，为阮玲玉女士鸣冤，清除一切烟雾弹，不受运动！不卖面子！大胆演出！”其口吻之严正，颇有四近士毛朋上场四面木牌之“逢龙锯角，遇虎拔牙”等句之威风，而“不卖面子，不受运动”诸语，又骤然铁面无私。与近年剧场中之“宏伟富丽，哀感顽艳”一类影化广告外，又别创一格，颇可注意。其内容在吾人预料中，必有对张、唐二人之一，作极难堪之讽刺。“黄色新剧”足以令阮“想不开”，不悉如何感觉与表示？阮女士之死，有作“人言可畏”批评者，此“黄色戏剧”上演，抑将又谓“人唱可畏”矣。（1935-1237）

谈《都市风光》　大白

国产影片的喜剧，产量是极少的，虽然近年来也有几部滑稽影片，但内容无非是些无意义的低级笑料，除了使知识浅薄的人或儿童笑一笑外，对现代社会并无若何影响。最近电通公司的《都市风光》，是讽刺现代社会的一齣喜剧，却一反从前滑稽片以单纯逗笑为题材的内容。剧情是富于讽刺性的，用一些幽默的材料，对一般都市没落的市民，加以嘲笑。都市的丑恶，都从细微处给了一个概括的揭示。而此部影片最大的收获，是对音乐方面的应用，有了更优美的进步。现在节录全片乐谱作者贺绿汀先生，对“描写音乐”的申述如下：“中国过去的影片，从来没有用音乐来描写剧中人的动作、心理变化以及剧的场面的移换，即令有也不过找几张唱片硬插进去。这在剧情上也许偶然得到效果，不过终究是‘牵着黄牛作马骑’的玩意：况且有时你跑尽了唱片公司，听过了几百张唱片，也许找不到你所理想的一张唱片，这是多么苦恼的事情！中国的影片，在编剧、导演、表演种种方面，都有长足的进步，独在音乐方面永远停留在极原始的状态中。假如中国影片对于这一点无法补救的话，前途真不堪设想。所以当《都市风光》的导演袁牧之要我干这件事情的时候，虽然因为自己能力问题，推辞数次，但终于答应了。一旦有相当的成效的话，可以引起中国影界及音乐界的注意，大家另开一条新路，协力前进。一方面可以使中国的影片业，步各国后尘迈步赶上去；一方面使社会音乐空气浓厚，提高民众音乐鉴赏程度与兴趣。”我们就贺氏的话，可知此片音乐的应用，是与画面一致的。这确是国产声片的新型。（1935-1336）

誌鼓王刘宝全　墨农

刘宝全之大鼓，前无古人，誉之者乃谓之曰大王。其嗓天赋至厚，难登花甲年高，而甜润甚于童音。在津鬻技，垂数十年声誉不衰。盖其艺与年俱增，至今以臻化境。每歌一曲，前后气力一贯，始终不懈，而念字之清楚，腔调之抑扬，皆尚不足以言宝全之好处。最难能者，为感人之声调，于神肖之表情，如《别母乱箭》一折，形容周遇吉母子，夫妻，父子，主仆间至情，历历如绘。每唱至悲凉凄惨之句，便巫峡猿啼，闻着心酸；而唱至活跃浪漫之句，又如生龙活虎，听者兴奋，此种艺术，有时且较戏剧感人为深。以是每听宝全歌唱《宁武关》《长坂坡》等段，感怀乱世流离之苦，恍如听李龟年说天宝遗事也。一般唱大鼓者，左手执板，右手击鼓，鼓板之声聒耳。然宝全之板则轻不一击，击则中节，“上板”后亦只轻击微响，鼓声能与唱声吻合。忆自民十八年重行来津，在法租界歌舞楼演唱，迄今又历七载，中间以歌舞楼主人之丧而辍演，以本人目疾足疾而罢歌者，凡十余月，然叫座始终如一。年前小梨园重张，宝全解新中央之约返为台柱。客岁封台后，特赴首都一行，献艺十日，旧历年前返津，现又出演小梨园矣。（1936-1353）

任光在“迷途的羔羊”中制曲赎罪　逸飞

一个真正艺术家永不满意他自己的成绩。这话是很有根据的。北平人惯说：“做到老，学到老；学到八十不算巧。”我们以任光先生来说，这是怎么努力于音乐的人，凡看过联华影片的人当然晓得？可是《渔光曲》里他就是配错了爵士音乐，以致早苏联闹了大笑话。这就证明人民永久脱不了学徒时代。任光得到了这次教训后，知道对于自己成绩不满意了。最近蔡楚先生主演的《迷途的羔羊》仍由任光担任写曲谱，这不啻给了他一个赎罪的机会。因为《迷途的羔羊》是个全部的默片，费了一年多的光阴始摄成，一幕一幕的事先都郑重的审慎过，段段都有精彩，如果配音再弄成了因小失大的丑剧。所以这次在任光真是字斟句酌，不料工作过度，竟吐了几口血！不过，这没关系，奋斗是人生的真意义。可是事实虽然紧张，成绩如何，还要见了货色再说。预计这部片子很快要再天津开映了，这时我们再看任光吐了怎样值得注意的血。（1936-1437）

巴黎之歌唱比赛　四方

上星期六，巴黎舞场举行唱歌比赛大会。夜一时，始开始比赛。众皆慑与先唱，久尚无人出场。卒由汪兴渝君之夫人麦女士首敞莺喉，歌外国歌曲两阙。其勇敢之精神，实足称道，且唱时之姿态亦佳。继之者，有外国男女数人，所唱皆平凡无“味”。其中有一女士，唱时不独遗忘词句，且对于音调于拍子（RHYTHM AND TEMPO），皆不相符，以致全场哗笑，彼尚不下场，连试几曲，歌不成声，场内西人为之面红耳赤，因有失西人体面也。旋一幼女登场，唱中曲《夜来香》与《大路歌》，颇受人欢迎。又一西人做滑稽表演之歌唱，及开滦矿务局李君唱一自编之《打油歌》，全场空气，始为之轻松，后有数人歌唱，尚能合拍。评判结果，唱中曲之幼女得第一。一西妇第二，汪麦夫人第三。客人目光多住于歌者，而忽略评判台上之朱十小姐，惜朱未参与比赛，否则莺喉乍展，不知倾倒几许众生。（1937-1538）

拉杂谈小彩舞　　巴人

从好几位朋友的口中听说“小彩舞”这个名字，而且好多位是把这名字与刘宝全联在一起谈论着的。据说这歌女自南京而来。在夫子庙时颇不得意，几乎是无法糊口，后来到了“京韵大鼓”发祥地的北国，才逐渐露了头角。又据说最初与刘宝全同样是学皮黄的，而且同样是学老旦这一种角色云云。

对于大鼓之类虽然并不感觉浓厚兴趣，但听见这个字次数颇多，而且有着过多的夸奖，使我的好奇心为之油然而生。也许因为大家都把她比拟于刘宝全的缘故吧，在不知不觉中我也受了那影响，自始自终便用了刘宝全做了标准去衡量了“小彩舞”一番。而结果，在我所得的印象中，觉得小彩舞的京韵大鼓虽然应该算在水准以上，但若说是神似刘宝全，那便颇有疑问了。自然我们没有理由说刘宝全的一切便应该持作标准，无可非议，只是因为大家都以刘宝全去衡量“小彩舞”，我也就不妨姑且也这样谈谈吧。

身段动作不如刘的沉着，这可以说是末端，倒可不必苛求。最重要的，行腔不及刘的婉转，吐字虽真，却不及刘的圆润，这都是不能神似刘宝全的重要原因。而期所以致此之由，那大约是气力功夫不足的缘故吧！然而台下的人们为什么要把她拟做刘宝全呢？这怕是因为大家与刘阔别太久，怀念太深的缘故吧。大抵某件事物留印象过深而有隔离太久时，人们在怀念中不能得到原事物来慰渴想，便常会强引了略为类似的事物来自加安慰。而且附会出若干给人们的相似的故事来。李世芳之名小梅兰芳，小彩舞之被认为神似刘宝全，都是这种心里在后面活动的缘故吧！我们可以断定刘宝全只要一北来，小彩舞便会重归落寞，正如梅兰芳一来平津，李世芳便不为人所注意一样。（1936-1476）

骆玉笙（1914.8.31—2002.5.5），艺名小彩舞，她在七十余年的京韵大鼓艺术生涯中，研习继承前辈的艺术成就，博采众家之长，以孜孜不倦的探索和努力，创立了以字正腔圆、声音甜美、委婉抒情、韵味醇厚为特色的“骆派”京韵，开拓了京韵大鼓艺术的新生面，达到了这一艺术形式的高峰；其代表曲目有《剑阁闻铃》《丑末寅初》《红梅阁》《子期听琴》《和氏璧》及电视连续剧《四世同堂》演主题歌《重整河山待后生》等；曾任第五、六、七、八届全国政协委员，中国文联荣誉委员，中国曲艺家协会主席、名誉主席、天津市文联副主席。

本辑图片出处目录索引

参考文献

[1] 甄光俊:《粤剧、广乐与天津的历史渊源》,载《戏曲艺术》,2010年第2期。

[2] 王兴昀:《报刊媒体对京剧女艺人的呈现——以民国时期京津为中心的考察》,载《天津师范大学学报》,2010年第2期。

[3] 郭常英:《慈善文化与社会文明——20世纪20年代〈北洋画报〉的慈善音乐艺术传播》,载《音乐传播》,2013年第4期。

[4] 王晏殊:《民国时期天津〈北洋画报〉研究》,载《南开大学学报》,2013年第4期。

[5] 阴艳:《王确城市现代画报的生存语境——以〈北洋画报〉为例》,载《东北师大学报(哲学社会科学版)》,2013年第4期。

[6] 吴果中:《传统与现代双重变奏的视觉表述与图像呈现——〈北洋画报〉及其城市文化生产》,载《新闻与传播研究》,2013年第5期。

[7] 阴艳、王确:《城市现代画报的生存语境——以〈北洋画报〉为例》,载《东北师大学报(哲学社会科学版)》,2013年第6期。

[8] 黄育聪:《〈北洋画报〉与京剧女演员形象的传播》,载《新闻界》,2013年第8期。

[9] 李占领:《2009—2011年画报研究综述》,载《新闻世界》,2014年第4期。

[10] 沈后庆:《现代传媒与名伶形象的确立——以〈申报〉(1913—1949)及梅兰芳为例》,载《戏曲艺术》,2014年第3期。

[11] 阴艳:《现代画报建构的成功故事——以〈北洋画报〉为例》,载《当代文坛》,2015年第4期。

[12] 王兴昀:《〈北洋画报〉出版编辑特色概述》,载《新闻研究导刊》,2015年第16期。

[13] 赵珥希:《论中国近代流行音乐的产生》,吉林大学硕士学位论文,2007年。

[14] 林萍:《黎锦晖儿童歌舞剧研究》,福建师范大学硕士学位论文,2007年。

[15] 李永生:《记录时代的侧影——〈北洋画报〉研究》,暨南大学硕士学位论文,2008年。

[16] 黄珍:《论二十世纪以来曲艺音乐文化在天津的变迁——以北方鼓曲为例》,中央音乐学院硕士学位论文,2012年。

[17] 杨姝:《音乐与文学的共在——黎锦晖艺术创作研究》,湖南科技大学硕士学位论文,2013年。

[18] 关心:《民国音乐会与社会生活变迁:1912—1945——以学校音乐会活动为中心》,南开大学博士学位论文,2014年。

北洋画报

图说乐·人·事